Die Romane der Schwestern Charlotte, Emily und Anne Brontë gaben Mitte des vergangenen Jahrhunderts der englischen Literatur die Sporen und versetzten den viktorianischen Kulturbetrieb in helle Aufregung. In einer Zeit, in der die Ehe für bürgerliche Frauen das einzig erstrebenswerte Ziel darstellte und berufliche Karrieren ihnen verschlossen waren, nahmen sich die Heldinnen der Brontës heraus, ihr Leben in die eigenen Hände zu nehmen und einen Mann auch über Klassenschranken hinweg zu wählen – und zu verlassen. »Das Knallen der Schlafzimmertür, die Helen Huntingdon vor ihrem Mann zuschlug, hallte durch das ganze viktorianische England«, schrieb Mae Sinclair über Annes Roman *The Tenant of Wildfell Hall*.

Ebenso fesselnd wie ihre Romane fanden ihre dichtenden Kollegen von Thackeray bis Arno Schmidt die Biographie der drei Pfarrerstöchter, ihr von Leid und Schwindsucht verkürztes Leben, das sich, schwankend zwischen Realität und Traum, vorwiegend in einem unwirtlichen Flecken in den Mooren von Yorkshire abspielte.

Aus gedruckten und ungedruckten Schriften, Briefen, Kritiken, Zeichnungen, Fotografien und Zeugnissen von Zeitgenossen entsteht ein Bild der »drei taubengrauen Schwestern« (Arno Schmidt).

Elsemarie Maletzke, geb. 1947, Journalistin in Frankfurt am Main. Autorin der Reiseführer »Dublin« (Frankfurt 1981) und »Nach Irland reisen« (Frankfurt 1983), Herausgeberin des Städtebandes »Dublin« (it 807).

Christel Schütz, geb. 1947, Verlagslektorin in Frankfurt am Main. Herausgeberin des Buches »Katherine Mansfield, Das Leben sollte sein wie ein stetiges, sichtbares Licht. Briefe, Tagebücher, Kritiken«.

insel taschenbuch 814

Die Schwestern Brontë
Leben und Werk
in Texten und Bildern

Die Schwestern Brontë

Leben und Werk in Texten
und Bildern

Herausgegeben von
Elsemarie Maletzke und
Christel Schütz

Insel Verlag

Umschlagabbildung: *Die Schwestern Brontë*
nach einem Ölgemälde von Branwell Brontë.
National Portrait Gallery, London

insel taschenbuch 814
Erste Auflage 1986

Bild- und Textnachweise am Schluß des Bandes
Vertrieb durch den Suhrkamp Taschenbuch Verlag
Umschlag nach Entwürfen von Willy Fleckhaus
Satz: LibroSatz, Kriftel
Druck: Nomos Verlagsgesellschaft, Baden-Baden
Printed in Germany

5 6 7 – 91

Inhalt

Wir danken

Mrs. Juliet R.V. Barker, Bibliothekarin der Brontë Society, für ihre freundliche Hilfe und die Beförderung unserer Anliegen; Herrn Walter Schobert vom Frankfurter Filmmuseum für das Besorgen der Filmfotos und Herrn Hans J. Schütz für das Hintanstellen wichtiger Arbeiten, um sich ganz der Brontë-Materie widmen zu können.

*

Die Übersetzungen aus »Agnes Grey«, »Jane Eyre«, »Shirley«, »Villette«, »Sturmhöhe«, »Doch mich verschlang das wild're Meer«, »Sexus und Herrschaft«, »Sargassomeer« sind im Literaturverzeichnis vermerkt. Astrid Arz übersetzte »Feige ist meine Seele nicht« und »Erinnerung«, Katrine von Hutten »Wuthering Heights« von Sylvia Plath, Hans J. Schütz übersetzte alle anderen Prosatexte und Gedichte.

Die Schwestern Brontë – ein Traum über die Wirklichkeit

Jeden Abend um neun Uhr, wenn ›dear papa‹ nach oben und zu Bett gegangen war, legten sie die Näharbeiten beiseite und nahmen ihre Wanderung wieder auf: fünf Schritte vom Sofa zum Fenster, um den Tisch und zurück. Emily, den Arm um Anne gelegt, daneben Charlotte, so gingen sie rastlos auf und ab, während der Sturm nach einem langen, ungehinderten Anlauf über Moor und Heide an den Fenstern rüttelte und die Johannisbeerbüsche im Vorgarten mit harten Zähnen kämmte; in Yorkshire im Winter 1845.

Während Papa also schlief und Bruder Branwell im ›Black Bull‹ sein vertanes Leben niedertrank, dichteten die Schwestern Charlotte, Emily und Anne Brontë auf ihren Wanderungen um den Wohnzimmertisch drei Romane, die der englischen Literatur die Sporen geben und den viktorianischen Kulturbetrieb in helle Aufregung versetzen sollten. »Bei allen drei Bells« (das war das gemeinsame Pseudonym der Schwestern) »wird in grober Manier ein schon anstößiges Thema aus dem denkbar ärgsten Blickwinkel behandelt«, bestätigte ihnen wenigstens die zeitgenössische Literaturkritik.

Anstößig war Charlotte, deren Heldinnen ihr tatenloses Dasein haßten, das die bürgerliche Gesellschaft ihnen aufzwang, die nach Bildung und sinnvoller Tätigkeit strebten, ihr Leben selbst in die Hand nahmen und einen Mann über Klassenschranken hinweg wählten – und verließen. »Ich bin kein Vogel und kein Netz umgarnt mich, ich bin ein freier Mensch mit einem freien Willen – das werde ich zeigen, indem ich Sie verlasse«, sagt Jane Eyre zu Mr. Rochester.

Anstößig war auch Anne, die Dummheit und Brutalität des englischen Landadels bloßstellte. Am schlimmsten aber war Emily, die alle Konventionen beiseite fegte und Gefühle wie Naturgewalten herrschen ließ.

In Deutschland wird ihr Werk kaum beachtet. Allein der literarische Schatzgräber Arno Schmidt hat vor 1960 die »taubengrauen Schwestern« als Geheimtip genannt, und bis heute ist er der einzige kongeniale Agent dieses poetischen Yorkshire-Wunders geblieben. Vergriffen sind »Shirley«, »Agnes Grey« und »The Tenant of Wildfell Hall«, nie übersetzt wurden »The Professor« oder die Niederschriften aus ihren langen, süchtigen Gedankenspielen um die Traumreiche Angria und Gondal. Nur zwei Romane leben als Klassiker der Moderne fort: Charlottes »Jane Eyre« und Emilys »Sturmhöhe«. Aber während Charlottes leichtere, romantische Kost vom Fleck weg ein Bestseller wurde (sogar die Königin Victoria fand die Lektüre »intensely interesting«), stieß Emily mit ihrem psychologischen Realismus bei den Zeitgenossen auf Unverständnis. Eine Heldin wie ihre Catherine, die sich gegen eine laue Ehe mit Psychoterror, Krankheit und Tod wehrt, eine so furiose Figur wie Heathcliff, dessen unsterbliche Liebe zu der verlorenen Catherine zwei Generationen ins Unglück stürzt, war den Viktorianern noch nicht begegnet. In der Aufrichtigkeit der Gefühle und den offen ausgetragenen Konflikten sah die Kritik nichts als »einzigartige Bosheit«, angesiedelt »weit entfernt von den Wohnstätten der zivilisierten Menschheit«, in dem leidenden und leidend machenden Heathcliff einen »Dämon« und ein »Vieh«.

Aber auch die Geschichte der kleinen Gouvernante »Jane Eyre«, die ihren Arbeitgeber Mr. Rochester zähmt, ist nicht ohne bleibende Meriten, und mehr noch ihr letztes Werk, »Villette«, in dem Charlotte die Zeit ihrer Brüsseler Schultage aufarbeitet und die bittere Enttäuschung einer unerwiderten Liebe zu ihrem Professor in einen umfassenden Erfolg wandelt. Auch »Villette« war 1852, zur Zeit seines Erscheinens, »zu umstürzlerisch, als daß es eine große Leserschaft finden konnte«, schreibt Kate Millett in »Sexus und Herrschaft«, die Heldin eine »neurotische Revolutionärin voller Konflikte, Rückfälle, Zorn, entsetzlicher Selbstzweifel und der unbesiegbaren Entschlossenheit, es zu schaffen«.

Bei dem Versuch, die Damen Brontë als Vorläuferinnen der Frauenbewegung zu vereinnahmen, sei jedoch Vorsicht geboten. Zum einen waren sie als Individuen schon recht sperrig: Charlotte eine weltfremde Puritanerin, scheu und diszipliniert, streng gegen Schwächere und seit ihrem fünften Lebensjahr, als sie Zeitung lesen konnte, ein Tory mit kurzer, bestenfalls christlicher Geduld für aufrührerische Elemente. In »Shirley« beschreibt sie den hoffnungslosen Maschinensturm der Yorkshire-Weber, arme, aufrechte Kerle, gewiß, aber aufgehetzt von Trunkenbolden und »Männern, die nichts zu verlieren hatten, aber viel zu gewinnen, was Charakter, Vermögen und Sauberkeit angeht.«

Emily war eine völlig autarke Person, mutig, großzügig und verschlossen, die mit ihrem großen Hund über das Moor strolchte. Schon als junges Mädchen wurde sie von Visionen aus einer Anderswelt gestreift, die ihr Leben auf nahezu schizophrene Weise teilten in die praktische Emily, die tagsüber Brot buk und Kartoffeln schälte und die Mystikerin, die in ihrem eigenen Himmel namens Gondal lebte: »Ja, Traumgesichte komm, du meine Zauberliebe / küss sanft die pochenden Schläfen / beug über mein einsames Lager dich / und bring mir Wonne, und bring mir Frieden.«

Anne schließlich, »lieb und sanft«, wie Charlotte sie bevorzugt sah, fromm und unbeugsam, wie ihre Schüler sie als Gouvernante kennenlernten, hatte als Kind nie laut gespielt oder Unordnung verursacht. Ihr Verständnis für jede Art festlicher oder unbotmäßiger Haltung war entsprechend begrenzt; die Schärfe ihrer Beobachtung war es nicht. Im »Tenant of Wildfell Hall« beschreibt sie den seelischen und körperlichen Niedergang eines Säufers, zu dem die phantastische und verkommene Figur ihres Bruders Branwell, der sich nie aus den Fesseln seines Gedankenspiels lösen konnte, Stücke der Vorlage geliefert haben dürfte.

Vorsicht ist auch geboten bei der Annäherung an ihre Biographie. Die Geschichte von den schreibenden Pfarrerstöchtern aus Yorkshire, deren Leben von Leid und Enttäuschung überschattet und von der Schwindsucht abgekürzt wurde, ist bei entsprechender Instrumentierung ein perfektes Rührstück, in dem kaum ein Biograph versäumt, sich wohlig einzurichten. Hinzu kommt die animierende Lokalität: Haworth, ein buckeliger, steingrauer Ort in den Hochmooren von Yorkshire, den Wettern preisgegeben. Das Pfarrhaus, heute ein Museum, liegt am oberen Ende der steilen Hauptstraße und ist auf drei Seiten vom Friedhof umzingelt. Jährlich besuchen rund 220 000 Literaturtouristen diesen Schrein von aufschlußreichen und rührenden Brontë-Requisiten: Charlottes Nähkästchen, Emilys Pult, Vaters Obstmesser, Branwells Ölbilder, Spielzeug, Manuskripte, Manschetten, Krägelchen, Graffiti im Kinderzimmer und das Sofa, auf dem Emily starb. Der Brontë-Pilger betrachtet dies alles tief bewegt. Und wenn er eben noch wähnte, die Hand zu spüren, die in den Knopfschächtelchen stöberte oder tief übers Papier gebeugt die winzigen Buchstaben hintiftelte, schleicht sich eine Befremdlichkeit ein, eine

Ahnung, daß er wohl doch nicht verstehen wird, was sich in diesen Räumen zugetragen hat. Das liegt nicht nur daran, daß alles, was heute zentralbeheizt und mit Blümchentapeten und Vorhängen ausgestattet ist, vor 150 Jahren steinern, kalt und kahl war. Daß der Blick aus den Fenstern nicht auf Buchen und Eiben fiel, sondern auf die Grabstein-Öde des Friedhofs, der, überfüllt und zugedeckelt, bis in die alte Kirche hinein stank und auf dem Trinkwasser einen Film hinterließ, der Krankheit und Tod im Pfarrhaus beförderte. Daß die Jauche die Hauptstraße hinunterfloß, die heute von adrett renovierten Weber-Häuschen mit »Heathcliff Coffee House« und »Land of Gondal Souvenirs« gesäumt ist. Daß Feuchtigkeit und Kälte das Haus auch im kurzen Sommer nicht verließen. Es liegt auch daran, daß das häusliche Leben fast nur durch Charlottes Briefe überliefert ist, daß Emilys Natur, Annes Konflikte und Branwells Leiden letztlich der Spekulation überlassen bleiben. Wie still muß es gewesen sein, und wonach hat es wohl gerochen? Was war das für eine Mausigkeit, die solche Sachen wie eine aus Annes Haar geflochtene Brosche entstehen ließ, oder diese Teedose, die Charlotte mit Hunderten kleiner bunter Papierröllchen schmückte?

Sie erinnern an die Stunden, die die Mädchen in der Obhut ihrer Tante mit Sticken und Fitzeln und Bibellektionen zubringen mußten, Stunden, in denen es nicht ›ladylike‹ war, die Füße aufs Kamingitter zu stellen. Die Flucht nach außen war ihnen verwehrt. Was ihnen blieb, war das Reich der Phantasie. Ermutigt von einem Vater, der ihnen zu lesen gab, was sie wünschten, befeuert von Byron und Scott, Geschichts- und Geographie-Büchern, begannen vier kleine Brontës – Charlotte war zehn Jahre alt, Branwell neun, Emily acht und Anne sechs – in einer Juninacht 1826 das Fädchen eines langen Gedankenspiels zu spinnen, als die »letzte große Rettung des in extremer Situation befindlichen jugendlichen Genius« (Arno Schmidt), ein Fädchen, das hin- und hergereicht sie bald wie ein Netz umfangen sollte, das sie beschützte und beschädigte und dem nur Anne unverletzt in die Realität entkam. Es war die Erschaffung der Traumreiche Angria und Gondal, die sie zunächst mit realen Personen – Wellington und Bonaparte –, später mit erdachten Figuren bevölkerten.

Angria war die Welt, in der die Kinder als allmächtige Geisterwesen Tallii, Brannii, Emmii und Annii herrschten; für die Autorinnen war es die Werkstatt, in der sie lernten, literarische Charaktere zu formen und dramatische Handlungsknoten zu schürzen. Mit zunehmendem Alter steigerten sich die spielerischen Tagträume zu bedrängenden Visionen, und ein Held schlich sich ein, der Charlottes Beziehungen zu Männern nachdrücklich verdarb: der leidenschaftliche, skrupellose Herzog von Zamorna. Ihn sah sie mit 19 Jahren am hellichten Tag am Kamin im Schulzimmer lehnen – ein Schreck, den sie mit langen, reuigen Gebeten zu vertreiben suchte. Aber Zamorna blieb. In »Jane Eyre« taucht er unter dem Namen Rochester wieder auf, immer noch »very much bewhiskered and becurled« und mit herrisch blitzenden Falkenaugen. Auch andere Herrschaften haben sich aus Angria herübergerettet und agieren nun im englischen Landadel. Nach Art des gewieften Tagträumers variierte Charlotte Namen und Motive aus Angria in allen ihren Büchern. Ihre alte Zauberszenerie ist verwoben mit der »wahren« Geschichte der unscheinbaren Gouvernante Jane, so klein und wenig hübsch wie ihre Autorin. Und wenn die Nähte zwischen diesen beiden feindlichen literarischen Elementen auch gelegentlich bedenklich scheinen, so leuchtet doch glasklar durch das ganze Werk der harte Kern der

Charlotte Brontë: ein Recht auf Individualität haben, etwas taugen im Leben, einem Mann gehören, »den ich lieben muß und fürchten kann«.

Auch Emily blieb ihren Träumen treu. Ihre »Sturmhöhe« ist Gondal in Yorkshire. Zwar sind ihre und Annes Chroniken nicht erhalten, aber in Emilys Gondal-Gedichten klingen viele der Themen an, die sich in der »Sturmhöhe« so machtvoll entfalten: Trennung und Wiedervereinigung, die Qual einer Liebesbeziehung zwischen drei Menschen, die Unzerstörbarkeit der Seele, bis hin zur Figur des kleinen schwarzen Findlings und des »eisernen Mannes« Heathcliff.

Emily starb dreißigjährig mit fast selbstmörderischer Entschlossenheit an Tuberkulose, als ihre Visionen zu schwinden schienen, ihre Kraft von dem häuslichen Terror des jungen Branwell aufgezehrt war, der in Suff und Opium verkam. Ein halbes Jahr darauf erlag Anne der Tuberkulose in der Sommerfrische am Meer, von der sie sich eine kleine Verlängerung ihres Lebens erhofft hatte.

Zwischen Charlotte und Emily ist Anne immer das literarische Aschenputtel geblieben. Hätte sie nicht zwei dominierende Schwestern gehabt, wäre ihr Werk vielleicht schon vergessen. Sie hatte weder Emilys Kraft noch Charlottes Willen, aber sie hatte mehr Sinn für Realität als beide zusammen und durchaus eigene Vorstellungen von ihren Themen. Charlotte hat nie mit Kritik an Annes Arbeit gespart, besonders nicht am »Tenant of Wildfell Hall«, den sie für einen »totalen Mißgriff« hielt. »Emily und Anne waren wie Zwillinge« schrieb Charlottes Freundin Ellen Nussey. Sollte Charlotte gegenüber »dear gentle Anne«, der vertrautesten Gefährtin der geliebten Emily, eine unbewußte Eifersucht genährt haben, die sie immer herb über ihre Arbeit und besänftigend über ihre Persönlichkeit urteilen ließ?

Um der schrecklichen Einsamkeit zu entgehen, heiratete Charlotte einen Pfarrer, dem, wie sie selbst schrieb, »höhere Talente sowie Gedanken und Neigungen, die den meinen gleichen, fehlen.« Arthur Bell Nicholls war ein praktischer und gründlicher Mann. Mit ihm gab es keine Wanderungen um den Tisch. »Die Rezensenten werden sagen, du wiederholst dich«, sagte er, als sie ihm das erste Kapitel ihres neuen Romans »Emma« vorlas. Da verstummte dann auch Charlotte Nicholls. Die (unvermeidliche) Schwangerschaft und eine verschleppte Erkältung brachten ihre Tuberkulose zum Ausbruch. Mit 39 Jahren war sie tot. Im Kirchenregister von Haworth ist sie in der Abteilung »Stellung oder Beruf« als Ehefrau des Hilfsgeistlichen A. B. Nicholls eingetragen.

Elsemarie Maletzke

Die Schwestern Brontë
Leben und Werk
in Texten und Bildern

Der neue Pfarrer von Haworth

Der Reverend Patrick Brontë wurde am St. Patricks Tag, dem 17. März 1777 in Drumballyroney im Nordosten von Irland geboren. Er war eines von zehn Kindern des protestantischen Bauern Hugh Brunty oder Prunty und der Eleonor McClory und wahrscheinlich der erste in der Familie, der seinen Namen schreiben lernte. Als er im April 1820 die neue Pfarrstelle in Haworth in Yorkshire antrat, hatte er eine erstaunliche Laufbahn hinter sich. Gefördert von einem methodistischen Pfarrer, war dem Hochbegabten der Wechsel vom Dorfschullehrer ohne systematische Bildung zum Cambridge-Absolventen gelungen. An der Universität wurde aus dem Prunty ein Brontë, möglicherweise inspiriert durch die Erhebung von Lord Nelson zum Herzog von Brontë, jedenfalls eine verzeihliche Korrektur, die den 25jährigen den Klassenunterschied weniger herb fühlen ließ.

Die Familie, die Patrick mit nach Haworth brachte, waren seine zarte, kränkliche Frau Maria und sechs Kinder, die so klein waren, daß sie zusammen in einen Waschkorb gepaßt hätten. Als die Mutter mit 38 Jahren starb, zog ihre Schwester Elizabeth Branwell vom sonnigen Cornwall ins kalte, stürmische Haworth und kümmerte sich um die Familie im Pfarrhaus.

Die Hütte, in der Patrick 1777 in Drumballyroney, Grafschaft Down, geboren wurde.

Mit Stroh gedeckt, der Boden lehmgestampft,
ein Schornstein mitten auf dem Dach,
ein Fenster und ein Riegel an der Tür.

Patrick: »The Cabin of Mourne«.

Patrick Brontë als junger Mann.

»Dieser fünfunddreißigjährige Ire, dessen gutes Aussehen die Vorzüge einer noblen Herkunft verriet, hatte hellblondes Haar und ausdrucksvolle, strahlend blaue Augen. Er floß über vor Lebenskraft und Enthusiasmus, war ein Dichter und prächtiger Redner, begabt mit treffender, manchmal sarkastischer Schlagfertigkeit, dessen geheime Melancholie unter gewinnender Offenherzigkeit verborgen war; er war genau der richtige Mann, um das Herz des reizenden Wesens zu gewinnen, das unversehens erschienen war, um ihn zu bewundern. Maria mußte sich nicht davor hüten, sich in ihn zu verlieben, denn bald nahm ihn der Reiz des hübschen, zierlichen, sanften, bescheidenen und sittsamen Mädchens gefangen.« *Charlotte Maurat: »The Brontë's secret«.*

Maria Branwell, Tochter eines Kaufmanns aus Penzance in Cornwall, die Mutter der Brontës.

»Mein lieber frecher Pat . . .
Mit Fleiß will ich in meinem zukünftigen Leben danach streben, ein solches Maß an Tugend und Einsicht zu erlangen, daß ich fähig sein werde, Deinen höchsten Erwartungen zu entsprechen und Dir Gattin und Gehilfin zu werden. Ich bin fest davon überzeugt, daß der Allmächtige uns füreinander bestimmt hat; es ist an uns, durch aufrichtige, unablässige Gebete und unermüdlichen Eifer danach zu trachten, Seinem Willen Genüge zu tun. Ich will und kann an Deiner Liebe nicht zweifeln und versichere hier freimütig, daß ich Dich mehr liebe als alles andere auf der Welt.« *Maria Branwell an Patrick, 18. November 1812.*

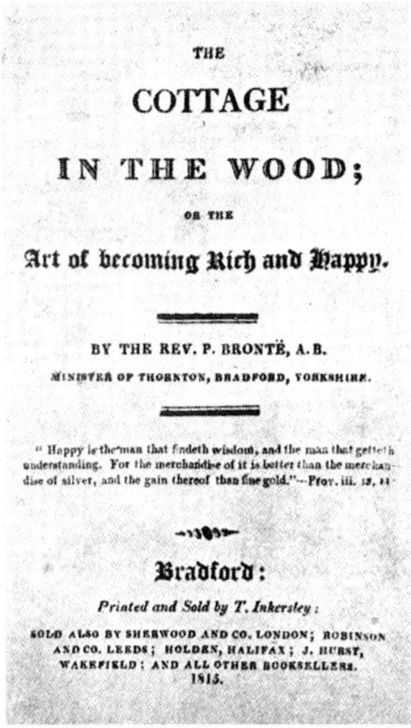

THE

COTTAGE

IN THE WOOD;

OR THE

Art of becoming Rich and Happy.

BY THE REV. P. BRONTË, A.B.

MINISTER OF THORNTON, BRADFORD, YORKSHIRE.

"Happy is the man that findeth wisdom, and the man that getteth understanding. For the merchandise of it is better than the merchandise of silver, and the gain thereof than fine gold."—Prov. iii. 13, 14.

Bradford:

Printed and Sold by T. Inkersley:

SOLD ALSO BY SHERWOOD AND CO. LONDON; ROBINSON AND CO. LEEDS; HOLDEN, HALIFAX; J. HURST, WAKEFIELD; AND ALL OTHER BOOKSELLERS.
1815.

Titelseite von »The Cottage in the Wood«, eine von Patricks Erzählungen, die er zur Erbauung der arbeitenden Klasse schrieb.

Die Vikarswohnung in Thornton, Yorkshire. Hier wurden die vier jüngeren Brontës, Charlotte (1816), Patrick Branwell (1817), Emily Jane (1818) und Anne (1820) geboren. Ihre älteren Schwestern Maria und Elizabeth waren 1813 und 1815 im wenige Kilometer südlich gelegenen Hartshead zur Welt gekommen.

Hauptstraße in Haworth.

»Diejenigen, welche noch leben, können sich an sieben schwerbeladene Karren erinnern, die langsam die lange steinige Straße hinaufrumpelten und den Hausrat des »neuen Pfarrers« zu seinem zukünftigen Wohnsitz brachten. Man fragte sich, welchen Eindruck wohl der trübselige Anblick der neuen Heimat – das hochgelegene niedrige, rechteckige steinerne Pfarrhaus vor dem Hintergrund des Hochmoores – auf die sanfte, zerbrechliche Frau machen würde, deren Gesundheit bereits zu diesem Zeitpunkt nicht die beste war.« *Elizabeth Gaskell: »The Life of Charlotte Brontë«.*

Kirche, Schule und Pfarrhaus von Haworth. Zeichnung von Elizabeth Gaskell.

»Das Pfarrhaus steht im rechten Winkel zur Straße und blickt auf die Kirche hinab; tatsächlich bilden also Pfarrhaus, Kirche und das Schulgebäude mit dem Glockenturm die drei Seiten eines unregelmäßigen Rechtecks, dessen vierte Seite sich auf die entfernten Felder und das Heideland öffnet. Die Fläche dieses Rechtecks wird von einem voll belegten Friedhof und einem kleinen Garten oder Hof vor dem Pfarrhaus ausgefüllt ... Unter den Fenstern zieht sich eine schmale Blumenrabatte entlang, die vormals sorgsam gepflegt wurde, obgleich in diesem Landstrich nur die widerstandsfähigsten Pflanzen zum Wachsen gebracht werden konnten ...

Das zweistöckige Haus ist aus grauem Stein erbaut und trägt ein schweres Dach aus Steinplatten, um den Winden Widerstand zu leisten, die eine leichtere Bedachung abheben könnten. Es scheint vor mehr als hundert Jahren erbaut worden zu sein; in jedem Stockwerk befinden sich vier Zimmer: die zwei Fenster zur Rechten (wenn man mit dem Rücken zur Kirche vor der Eingangstür steht) gehören zu Mr. Brontës

Eingangsflur im Pfarrhaus, rechts die Tür zu Patricks Arbeitszimmer, das auch als Salon genutzt wurde, links zum Eßzimmer.

Arbeitszimmer . . . Alles an diesem Ort verrät peinlichste Ordnung und allerhöchste Sauberkeit. Die Türstufen sind fleckenlos; die kleinen altmodischen Fensterscheiben glänzen wie Spiegel.« *Elizabeth Gaskell: »The Life of Charlotte Brontë«.*

Maria Brontë, die mit 38 Jahren an Krebs starb.

»Eine alte Frau, die sie in ihren letzten Tagen pflegte, berichtete, daß sie gewöhnlich weinend im Bett lag und fortwährend sagte: ›Oh Gott, meine armen Kinder – oh Gott, meine armen Kinder!‹« *Elizabeth Gaskell: »The Life of Charlotte Brontë.*

Elizabeth Branwell, die Schwester von Maria Brontë. Nach deren Tod übernahm sie das Regiment im Pfarrhaus.

»Miss Branwell war eine sehr kleine altmodische Dame. Sie trug Hauben, die so groß waren, daß ein halbes Dutzend Hüte nach der jetzigen Mode darin Platz gefunden hätten, und viele falsche Locken von hellem Kastanienbraun ringelten sich auf ihrer Stirn. Sie trug immer Seidenkleider. Sie verabscheute das Klima im hohen Norden und die Steinfußböden im Pfarrhaus. Es belustigte uns, wenn sie in Holzschuhen umherklapperte, wann immer sie in die Küche gehen oder im Haus nach dem rechten sehen mußte . . . Sie schnupfte aus einer hübschen goldenen Tabatiere, die sie gelegentlich mit einem kleinen Lachen anbot, als habe sie ihre Freude an dem leichten Schock und dem Erstaunen, das diese Geste bei ihrem Gegenüber auslöste. Im Sommer verbrachte sie einen Teil des Nachmittags damit, Mr. Brontë vorzulesen . . . Sie war sehr lebhaft und aufgeweckt und vertrat ihre Meinung gegenüber Mr. Brontë ohne Furcht.« *Ellen Nussey, 1871.*

Elizabeth Branwell war von strenger methodistischer Art. Von den Kindern war ihr nur der Junge, Branwell, von Herzen zugetan. Das Paulus-Wort auf ihrer Teekanne wird nicht zur Erheiterung der Tischgesellschaft beigetragen haben.

Das Sticktuch der zehnjährigen Emily. »Tante Branwell« legte Wert auf eine gründliche Ausbildung in allen hausfraulichen Arbeiten. Charlotte war später stolz auf ihre feinen Stickereien. Als »Jane Eyre« unter Pseudonym erschien, hielten viele Kritiker Currer Bell für einen Mann. Harriet Martineau aber urteilte: »So wie darin das Annähen von Vorhangringen beschrieben wird, kann das Buch nur von einer Frau oder einem Polsterer sein.«

»Sie ließ ihre Nichten nähen, mit oder ohne Sinn und Zweck, und hielt sie so weit wie möglich von jeglicher geistigen Tätigkeit ab.« *Mary Taylor an Elizabeth Gaskell.*

Der Methodisten-Führer John Wesley. Zu Beginn des 18. Jahrhunderts war Yorkshire Mittelpunkt einer großen evangelischen Erneuerungsbewegung und bekannt für seine unerschrockenen Geistlichen.

»Wesleys Ansichten über Kindererziehung waren unkompliziert und lassen sich in wenigen Worten zusammenfassen: Brich beizeiten ihren Willen, beginne damit, bevor sie allein laufen, bevor sie einfache Worte sprechen können, ja vielleicht bevor sie überhaupt sprechen können. Wie groß die Qual auch sein mag, brich den Willen des Kindes, wenn du es nicht der Verdammnis preisgeben willst. Wenn ein Kind ein Jahr ist, lehre es, die Rute zu fürchten und leise zu weinen; von diesem Alter an trage Sorge, daß es folgsam ist und mußtest Du es deswegen auch zehnmal durchhauen . . .« *Winifred Gérin: »Anne Brontë«.*

Das Farmhaus »Top Withens«, angenommene Lage von Emily Brontës »Sturmhöhe«.

»Es war köstliches, warmes Wetter, zu warm zum Wandern; aber die Hitze hinderte mich nicht am Genuß der entzückenden Landschaft über und unter mir: hätte ich sie schon im August gesehen, hätte sie mich zweifellos dazu verlockt, einen Monat in ihrer Einsamkeit zu verbringen. Im Winter konnte es nichts Traurigeres, im Sommer nichts Herrlicheres geben als die zwischen Bergen eingeschlossenen Schluchten und die steilen, mit Heidekraut bewachsenen Hänge.« *»Die Sturmhöhe«, 32. Kapitel.*

Zur Zeit der industriellen Revolution war Yorkshire ein Land voller Schrecken und Leeds die meistvergiftete Stadt in England. 150 000 Menschen waren auf Fürsorgeunterstützung und Suppenküchen angewiesen. In den übervölkerten Slums brachen Typhus und Cholera aus.

»›Ich kann das jetzt noch wilde Tal mit ganzen Reihen von Häuschen und Gärten besetzen – ›Robert! Und das Gebüsch abholzen?‹ ›Noch ehe fünf Jahre vergangen sind, soll das Gebüsch Brennholz sein ... der holprige Kiesweg soll ein ebener, fester, breiter, schwarzer, rußiger Weg werden, den ich mit Schlacke aus meiner Fabrik befestigen lasse; und meine Fabrik, Caroline, soll dort, wo heute der Hof ist, stehen.‹ ›Entsetzlich! Du willst also unsere blaue Luft in die Rauchschwaden von Stilbro' verwandeln?‹ ›Ich will die Wasser des Pactolus durch das Tal von Briarfield leiten.‹ ›Mir ist der Bach tausendmal lieber.‹ ›Ich will eine Parlamentsakte erwirken, die mich berechtigt, das Gemeindeland von Nunnely in Pachtgüter zu parzellieren ... Caroline, die Heimatlosen, die Hungernden, die Arbeitslosen sollen von nah und fern nach Hollows Mill kommen.‹« *»Shirley«, 37. Kapitel.*

Cowan Bridge

1824-1825

Die Internatsschule Cowan Bridge mußte dem Reverend Brontë, der von 200 Pfund im Jahr seine Familie zu ernähren hatte, wie ein Gottesgeschenk erschienen sein. Für 14 Pfund per annum genossen arme Klerikerstöchter dort eine geregelte Ausbildung: Geschichte, Geographie, Nadelarbeit ... Im Juli 1824 brachte er seine beiden ältesten Töchter Maria und Elizabeth dorthin, im August und November folgten Charlotte und Emily, acht und sechs Jahre alt. Über 20 Jahre später gab Charlotte in »Jane Eyre« ein scharf erinnertes Bild dieser fürchterlichen Anstalt. Sie schrieb vom ekelhaften Essen, vom gefrorenen Waschwasser, von den Schlägen mit dem Rutenbündel und von Helen Burns, der dort das Herz gebrochen wurde. Helen ist Maria, ihre zarte, kluge, unordentliche Schwester, die mit elf Jahren an Tuberkulose starb, die Unterernährung und katastrophale sanitäre Zustände befördert hatten. Auch Elizabeth überlebte Cowan Bridge nicht. Sie starb sechs Wochen nach Maria, nachdem ihr Vater auch sie endlich aus dieser Schule befreit hatte.

Branwell begann in diesem Katastrophensommer 1825 unter Angstzuständen zu leiden, und aus der neunjährigen Charlotte wurde die verschlossene, kleine Erwachsene, wie sie ihre Schulkameradinnen später in Roe Head erlebten.

Sechs kleine Brontës auf der Heide. Maria paßte auf, daß keins verlorenging. Holzschnitt von Joan Hassall.

»Man wäre nicht darauf gekommen, daß ein Kind im Haus war; sie waren so ruhige, brave kleine Wesen. Maria – sieben Jahre alt – schloß sich mit der Zeitung im Kinderzimmer ein, und wenn sie wieder hervorkam, konnte sie über alles reden, was darin stand, Parlamentsdebatten und was weiß ich noch alles ... Ihr Vater erzählte, daß er mit ihr über jedes aktuelle Tagesthema diskutieren konnte, mit ebensoviel Freizügigkeit und Vergnügen wie mit einem erwachsenen Menschen.« *Elizabeth Gaskell: »The Life of Charlotte Brontë«.*

Patrick Brontë schrieb für seine Kinder amüsante Gedichte und erwies sich zu Zeiten als kluger und einsichtiger Vater.

»Als meine Kinder sehr jung waren (soweit ich mich erinnere, war das älteste etwa zehn und das jüngste etwa vier Jahre alt) und mir aufging, daß sie mehr wußten, als mir bekannt war, wollte ich sie dazu bringen, mit weniger Furcht zu sprechen. Ich meinte, daß ich mein Ziel erreichen könnte, wenn ihre Gesichter verhüllt würden; da sich zufällig eine Maske im Hause befand, sagte ich ihnen, sie sollten sich maskieren und ohne Scheu sprechen. Ich begann mit der Jüngsten, Anne, und fragte sie, was ein Kind wie sie sich am meisten wünsche, und sie antwortete: Alter und Erfahrung. Ich fragte die nächste, Emily, was ich am besten mir ihrem Bruder Branwell anfangen solle, der zuweilen ein unartiger Junge war. Sie erwiderte: Sprich vernünftig mit ihm, und wenn er sich nicht einsichtig zeigt, hau ihn. Ich fragte Branwell, was die beste Methode sei, den Unterschied zwischen männlichem und weiblichem Denken herauszufinden; er antwortete: Indem man den körperlichen Unterschied in Betracht zieht. *Elizabeth Gaskell: »The Life of Charlotte Brontë«.*

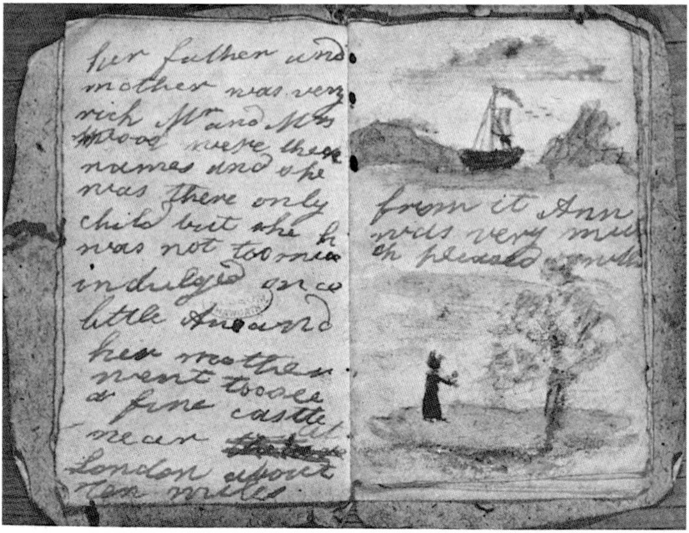
her father and mother was very rich Mr and Mrs Wood were there names and she was there only child but she was not too much indulged once little Ann and her mother went to see a fine castle near London about ten miles

from it Ann was very much pleased

»Es war einmal ein kleines Mädchen namens Ane . . .«, die farbig illustrierte Geschichte einer Reise. Die Seiten (3,6 x 5,6 cm) sind zusammengenäht und in einen Umschlag aus Tapete eingebunden. Charlottes erstes Buch für ihre Schwester.

Cowan Bridge, wohltätige Stiftung für arme Pfarrerstöchter, ein Institut, das nur zwei von vier Töchtern Patrick Brontës lebend überstanden. Holzschnitt von Joan Hassall.

»Das Haus, das einst ein Teil des Schulgebäudes war, existiert noch. Es ist ein langes, niedriges Cottage mit Butzenfenstern, in dem sich jetzt zwei Wohnungen befinden. Es blickt auf das Flüßchen Leck, von dem es durch eine etwa 70 Yards breite Fläche getrennt wird, wo sich einst der Schulgarten befand ... Die Fenster lassen sich nicht sehr weit und nur schwer öffnen; die Treppe, die zu den Schlafräumen hinaufführt, ist schmal und gewunden. Es war überhaupt ein übelriechendes und feuchtes Haus, doch vor 30 Jahren verstand man wenig von Hygiene.« *Elizabeth Gaskell: »The Life of Charlotte Brontë«.*

Der Speisesaal in Lowood – so heißt Cowan Bridge in »Jane Eyre«.
Holzschnitt von Fritz Eichenberg.

»Heißhungrig verschlang ich von meiner Portion einen Löffel voll oder zwei, ohne auf den Geschmack zu achten; aber kaum war meine erste Gier gestillt, entdeckte ich, was für ein ekelerregendes Zeug es war: angebrannter Haferbrei ist beinah so schlimm wie faulige Kartoffeln. Ich sah jedes Mädchen von dem Brei kosten und daran würgen, aber die meisten gaben es bald auf. Das Frühstück war vorbei, und niemand hatte gefrühstückt. Ein Dankgebet wurde gesprochen für was wir nicht gehabt hatten und ein weiterer Choral abgesungen, dann leerte sich der Speisesaal. Ich war eine der letzten beim Hinausgehen und sah zufällig noch, wie eine Lehrerin von dem Haferbrei kostete; sie schaute die andern an; ihre Mienen drückten Unwillen aus und eine, die rundliche, flüsterte: ›Abscheuliches Zeug! Eine wahre Schande!‹« *»Jane Eyre«, 5. Kapitel.*

Carus Wilson, ein geistlicher Herr, Direktor von Cowan Bridge.

»Die Schülerinnen sind, unvermeidlich, sehr einfach und einheitlich gekleidet. Viele von ihnen leiden zweifellos darunter. Sie sind, unglücklicherweise, vielleicht im Übermaß an jene vorherrschende und immer noch wachsende Liebe zum Putz gewöhnt, denn leider sind Pfarrersfamilien, selbst die ärmsten, von dieser Sucht nicht ausgenommen. Für mich war es immer ein Ziel, jedes vordringliche Symptom von Eitelkeit in der Knospe zu ersticken.« *Carus Wilson: »Gedanken«.*

Mr. Brocklehurst ist der literarische Nachfahre von Carus Wilson. In »Jane Eyre« agiert er als Direktor von Lowood. Zeichnung von Charlotte Brontë.

»Erlauben Sie, Madam! Sie wissen, daß ich diese Mädchen nicht zu Luxus und Verzärtelung, sondern zu Abhärtung, Geduld und Selbstverleugnung erziehen will. Sollte die Eßlust zufällig einmal durch eine verdorbene Speise enttäuscht werden, so darf der Zwischenfall nicht dadurch unwirksam gemacht werden, daß man die Mahlzeit durch einen Leckerbissen ersetzt, der den Körper nur verwöhnt; er sollte im Gegenteil zur geistigen Erbauung der Zöglinge dienen, indem man sie ermutigt, im zeitweiligen Entbehren Stärke zu beweisen . . .« *»Jane Eyre«, 7. Kapitel.*

Mr. Brocklehurst gibt eine Lektion in Demut. Holzschnitt von Fritz Eichenberg.

»Bringt diesen Stuhl her«, befahl Mr. Brocklehurst und wies auf einen hohen Schemel. »Stellt das Kind darauf!« Irgend jemand hob mich hinauf, und mein Gesicht befand sich nun in Augenhöhe und kaum einen Meter entfernt von Mr. Brocklehurst; unter mir wogte eine Wolke von Orange und Purpurrot und silbernen Federn.

»Meine lieben Kinder«, fuhr der schwarzsteinerne Diener Gottes salbungsvoll fort, »es ist meine Pflicht, euch zu warnen; dieses Mädchen, das zu Gottes Lämmern gehören könnte, ist in Wirklichkeit eine Verworfene. Ihr müßt euch vor ihr hüten, müßt ihr Beispiel fliehen, wenn nötig ihre Gesellschaft meiden, sie von euren Spielen ausschließen und nicht mit ihr sprechen. Lehrerinnen, habt ein achtsames Auge auf sie: wägt ihre Worte, prüft ihre Taten, züchtigt ihren Leib, um ihre Seele zu retten – wenn eine solche Rettung überhaupt möglich ist, denn dieses Mädchen, dies Kind eines christlichen Landes, ist schlimmer als manch kleiner Heide, der Brahma anbetet und vor einem Götzen kniet – dieses Mädchen ist eine Lügnerin!« *»Jane Eyre«, 7. Kapitel.*

Der Friedhof am Pfarrhaus von Haworth.

Aus dem ernsten Aug' meines Vaters
Fiel eine Träne auf den Sarg.
Meine Mutter hob mich hoch,
damit ich in den Sarg schauen konnte.
Bis auf den heutigen Tag spüre ich
das atemlose Keuchen und den abscheulichen Schauder,
mit dem ich mein totenblasses Gesicht
in ihren tröstenden Armen barg.

Branwell: »Caroline«.

Das längere Gedankenspiel

Der Zeit nach Cowan Bridge folgten fünf Jahre in Haworth, in denen »diese 4 unheimlich begabten, spitzfindigen: spinnfitzigen, merkwürdigsten Kinder« (Arno Schmidt) auf sich gestellt waren. Nach den Morgenlektionen bei Vater und Tante fanden sie sich in der Küche bei Tabby ein, Magd, Kindermädchen und Köchin in einer Person. Ihre Geschichten aus Yorkshire gingen in den kindlichen Phantasie-Fundus ein, der von der Bibel, Blackwood's Magazine, den politischen Exkursen ihres Vaters, eines wilden Torys, und den Romanen Sir Walter Scotts genährt wurde. Eines Morgens kam Branwell dann mit einer Schachtel Holzsoldaten, die ihm sein Vater mitgebracht hatte, an die Tür des Mädchenzimmers. Diese »Young Men« waren die ersten Darsteller in Geschichten, die sich die Kinder gegenseitig ausmalten. Zusammen mit dem Spiel um die »Islanders«, das in die »Glass Town Saga« einmündet, bildeten sie den Keim zu einem großen Gedankenspiel um die Traumreiche Angria und Gondal.

Viel später als Angria geographisch und historisch etabliert, die Hauptstadt Glass Town gebaut und von einer erlesenen Gesellschaft bevölkert ist, erinnert sich Charlotte an das erste Personal ihrer Spiele, an Herren in blauen Röcken und roten Westen, die auf nur einem runden Holzschuh »mit wundervoller Geschwindigkeit herumschlurften«.

Das Spiel von den »Islanders« entstand im Dezember 1827, als Charlotte, nun die Älteste, elf Jahre alt war. Holzschnitt von Joan Hassall.

»Eines Nachts saßen wir alle um das warm lodernde Küchenfeuer zusammen. Gerade hatten wir einen Streit mit Tabby beendet, ob es wohl angebracht sei, eine Kerze anzuzünden, aus dem sie siegreich hervorgegangen war. Es gab keine Kerze. Eine lange Pause folgte, die schließlich von Branwell unterbrochen wurde, der mit fauler Stimme sagte: ›Ich weiß nicht, was ich machen soll.‹ Emily und Anne stimmten ihm zu.

Tabby: ›Ihr könnt schon ma' ins Bett gehen.‹

Branwell: ›Alles andere würde ich lieber tun als das.‹

Charlotte: ›Warum bist du heute abend so mürrisch, Tabby? Oh, stellt euch vor, jeder von uns hätte eine eigene Insel.‹

Branwell: ›Wenn das so wäre, würde ich die Insel Man wählen.‹

Charlotte: ›Und ich die Insel Wight.‹

Emily: ›Die Aran-Inseln für mich.‹

Anne: ›Und für mich Guernsey.‹

Dann legten wir fest, wer die Herrscher auf unseren Inseln sein sollten. Branwell entschied für John Bull, Astley Cooper und Leigh Hunt, Emily

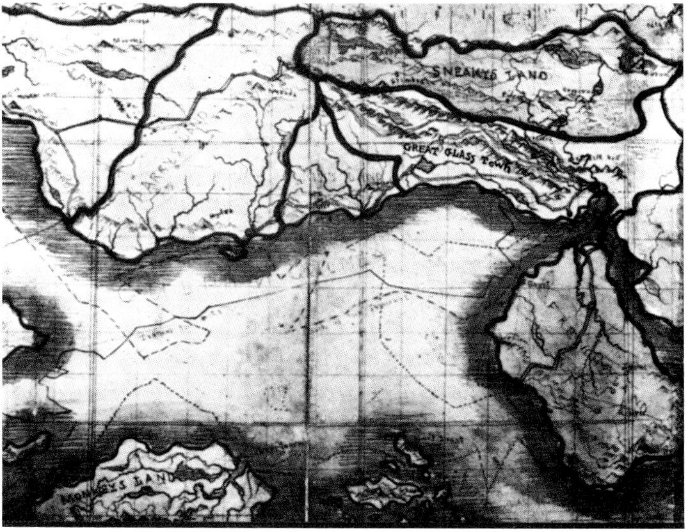

Branwells Karte von Angria.

für Walter Scott, Mr. Lockhart und Johnny Lockhart. Anne für Michael Sadler, Lord Bentinck und Sir Henry Halford. Ich wählte den Herzog von Wellington und zwei Söhne, Christopher North und Co. und Mr. Abernethy. An dieser Stelle wurde unser Gespräch durch das für unsere Ohren unheilvolle Schlagen der Uhr unterbrochen. Es war sieben Uhr, und wir wurden zu Bett geschickt.« *Charlotte: »Tale of the Islanders«.*

»Am 20. Mai setzten sie wiederum Segel, zwölf Männer an der Zahl samt den Wiederbelebten, und alle wahre Helden. Nachdem sie 23 Tage gesegelt waren, schrie Monkey, der im Ausguck saß: Land in Sicht! Sofort waren alle an Deck und hielten eifrig Ausschau nach dem lang gesuchten, lang ersehnten Ende ihrer Pilgerfahrt. . . . Und nach zwei weiteren Tagen landeten sie an der Stelle, wo sich heute der Hafen von Glass Town befindet, der herrlichste der Welt, damals eine wüste, stürmische, reetbewachsene Bucht.« *Branwell: »The History of the Young Men from their first Settlement to the present Time«.*

Lithographie nach einem Gemälde von John Martin (The Temptation), von Charlotte als die Traumstadt Glasstown, später Verdopolis, vereinnahmt und koloriert.

»Wenige Monate später beschloß der Herzog von Strathelleraye jenes Weltwunder, die große Stadt Afrikas, zu besuchen: Glass Town. Von ihrer Pracht, Großartigkeit, Ausdehnung, Stärke und ihren Reichtümern gelangten gelegentlich, getragen von ozeanischen Winden, Nachrichten nach England.

Doch den meisten Bewohnern dieser kleinen Insel kam diese Stadt wie ein Traum oder eine wunderbare Erdichtung vor. Sie konnten sich einfach nicht vorstellen, daß bloße menschliche Wesen in der Lage waren, Bauten von solch märchenhafter Größe und Pracht zu errichten, wie sie vielen der dortigen öffentlichen Gebäude zugeschrieben wurden; und was den »Turm aller Nationen« betraf, so glaubten nur wenige, daß es ihn gab. Diese Stadt schien den Städten des Altertums zu gleichen: Ninive oder Babylon mit den Tempeln der Götter Ninus oder Jupiter Belus und den Hallen Astartes und Semales.« *Charlotte: »Albion and Marina«.*

Die Manuskripte über Angria wurden in winziger Schrift verfaßt, teils weil die erdachten Personen selbst nur Puppenformat hatten, teils aus kindlicher Geheimniskrämerei.

»Sie hatte die Gewohnheit, in Druckbuchstaben zu schreiben, und sagte, das habe sie durch das Schreiben für ihre ›Zeitung‹ gelernt. Sie brachten einmal im Monat eine ›Zeitung‹ heraus, der sie nach Möglichkeit das Aussehen geben wollten, als sei sie gedruckt. Niemand außer ihr selbst, ihrem Bruder und ihren zwei Schwestern schrieb oder las darin. Sie versprach, mir einige dieser Zeitungen zu zeigen, nahm aber später wieder davon Abstand und war niemals mehr dazu zu überreden, es zu tun . . . Diese Angewohnheit, sich interessante Dinge auszudenken, welche die meisten Kinder annehmen, deren wirkliches Leben ereignislos verläuft, war in ihr sehr ausgeprägt. Die ganze Familie pflegte sich Geschichten auszudenken und Charaktere und Ereignisse zu erfinden. Ich sagte ihr zuweilen, sie kämen mir vor wie Kartoffeln, die in einem dunklen Keller keimten. Sie sagte traurig: ›Ja! Ich weiß, so sind wir!‹«
Mary Taylor an Elizabeth Gaskell, 18. Januar 1856.

Einband und Manuskript von »Der Abendspaziergang – ein Gedicht des Marquis of Douro«, einer von Charlottes Autorennamen in Angria.

»Katalog meiner Bücher, die bis zum 3. August 1830 geschrieben und fertig waren:

Zwei romantische Erzählungen in einem Band, nämlich Die zwölf Abenteurer und die Abenteuer in Irland, 2. April 1829. Die Suche nach dem Glück, eine Erzählung, 1. August 1829 [...] Die Abenteuer von Edward de Crack, eine Erzählung, 2. Februar 1830 [...] Geschichte von den Islanders in vier Bänden [...] darin Der Besuch des Herzogs von Wellington und des kleinen Königs mit seinen kleinen Königinnen bei der berittenen Garde [...] Die drei alten Waschfrauen von Strathfieldsaye [...] Die Zeitschrift der jungen Männer, sechs Ausgaben von August bis Dezember [...] darin Das Innenleben einer Schenke, ein Gedicht [...] Der Tisch und die Vase in der Wüste, ein Lied [...] Szenen in meiner Tonne [...] Die Großgenien im Rat [...] Ernte in Spanien [...] Der Dichterling, Drama in zwei Bänden [...] Meditationen auf einer Reise durch den kanadischen Wald [...]

Alles in allem 22 Bände.« *Charlotte.*

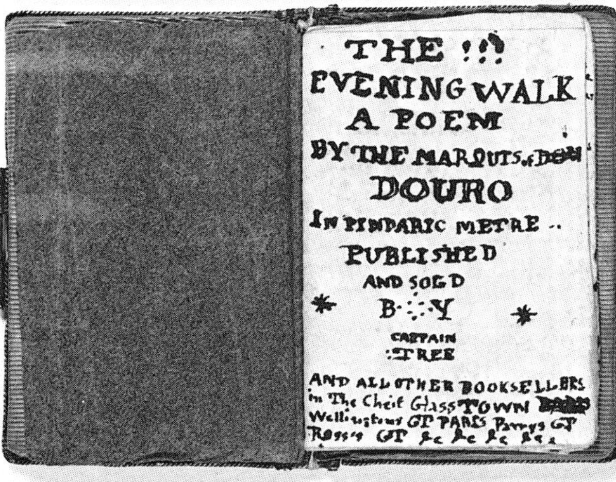
THE !!!
EVENING WALK
A POEM
BY THE MARQUIS of
DOURO
IN PINDARIC METRE ..
PUBLISHED
AND SOLD
BY
CAPTAIN
TREE
AND ALL OTHER BOOKSELLERS
in The Cheif Glass TOWN
Wellingtons GT PARIS Parrys GT
Ross's GT &c &c &c

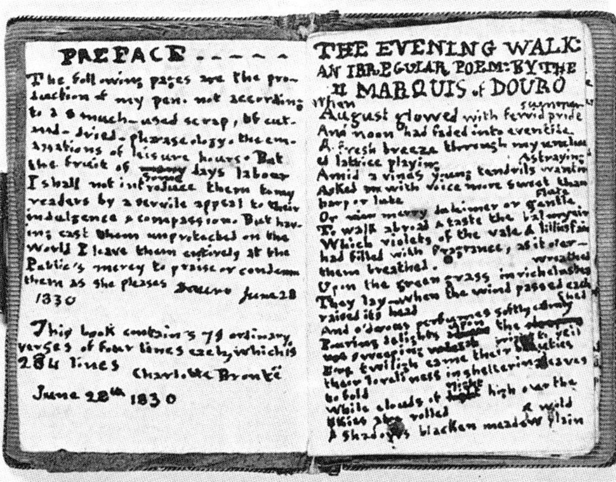
PREFACE
The following pages are the pro-
duction of my pen. not according
them as she pleases
1830
This book contains 71 ordinary
verses of four lines each, which is
284 lines
Charlotte Brontë
June 28th 1830
THE EVENING WALK
AN IRREGULAR POEM: BY THE
MARQUIS of DOURO
August glowed with fervid pride
And noon had faded into eventide
Upon the green grass in rich clusters
They lay

Charlottes erster Held in Angria war der Herzog von Wellington. Porträt von Francisco de Goya.

»Der Genius führte uns in eine Halle aus Saphir, in der goldene Throne standen . . . ringsherum standen Genien und Feen, deren Gewänder aus gehämmertem Gold waren und von Edelsteinen funkelten. Sobald die Fürsten uns sahen, sprangen sie von ihren Thronen auf, und einer von ihnen, A. W. (Arthur Wellesley) erblickend, rief aus: ›Das ist der Herzog von Wellington.‹ A. W. fragte, warum man ihn D. W. (Herzog von Wellington) nenne.

Der Genius antwortete: ›Ein Fürst wird sich erheben, der wie ein Stachel im Fleisch Englands und der Zerstörer Europas sein wird. Der Kampf zwischen dir und diesem Anführer wird schrecklich sein! Er wird viele Jahre dauern und der Sieger wird Ruhm und Ehre auf ewig ernten, und der Besiegte ebenso . . . Der Ruhm des Siegers wird bis in den letzten Winkel der Erde dringen; Könige und Herrscher werden ihm Ehre erweisen und Europa wird seinem Befreier zujubeln.‹« *Charlotte: »A Romantic Tale«.*

Schulzeit

Die einzige Laufbahn, die einer bürgerlichen Frau in der viktorianischen Zeit offenstand, war die der Lehrerin oder Gouvernante. Die Töchter des Reverend Brontë, die nach seinem Tod keinerlei Erbe zu erwarten hatten, mußten sich mit dem Gedanken befreunden, ihren Unterhalt bei Menschen zu verdienen, die ihnen in Geschmack und Lebensweise gänzlich fremd waren. Einzig auf Branwell waren Hoffnungen gesetzt, er möge sich zu einem brillanten Maler oder Schriftsteller entwickeln. Charlotte unternahm mit 14 Jahren ihren zweiten Versuch, eine systematische Schulbildung zu erwerben, und sie tat es mit Ernst und Entschlossenheit.

Auf der Schule mied sie die Ballspiele der anderen Mädchen, weil sie wegen ihrer Kurzsichtigkeit den Ball nicht sehen konnte. Dafür erzählte sie abends im Schlafsaal solch plastische Gruselgeschichten, daß eine Mitschülerin in Krämpfe fiel und »spätes Reden« verboten wurde. In ihrem ersten Jahr gewann sie eine Auszeichnung als beste Schülerin, und sie behielt diesen Rang in den 18 Monaten, bis sie die Schule verließ.

In ihrer Abwesenheit übernahm Branwell das Regiment über die Gedankenspiele, aber seine uninspirierte Geschäftsleitung langweilte Emily und Anne, und sie gründeten ihr eigenes Reich: Gondal, das nordische Gegenstück zum afrikanischen Angria. Auf der Schule sorgte sich die heimwehkranke Charlotte: »Ich möchte wissen, ob Branwell die Herzogin inzwischen umgebracht hat. Ist sie tot? Ist sie schon begraben? Ich hoffe so sehr, daß sie noch lebt.«

Roe Head, rund 20 Meilen von Haworth entfernt, die Schule, in die Charlotte mit 14 Jahren eintrat. Zeichnung von Anne.

»Ich sah sie zum erstenmal, als sie, in sehr altmodischen Kleidern, sehr durchfroren und elend aussehend, einer geschlossenen Kutsche entstieg. Sie kam, um Mrs. Woolers Schule zu besuchen. Als sie im Klassenzimmer erschien, trug sie andere, aber ebenso altmodische Kleider. Sie sah aus wie eine kleine alte Frau und war so kurzsichtig, daß sie fortwährend den Eindruck erweckte, als suche sie etwas und bewege ihren Kopf hin und her, um des Gegenstandes ansichtig zu werden. Sie war sehr scheu und nervös und sprach mit einem starken irischen Akzent. Gab man ihr ein Buch, ließ sie ihren Kopf so tief hinuntersinken, daß ihre Nase beinahe daraufstieß. Wenn man ihr sagte, sie solle den Kopf heben, folgte das Buch dieser Aufwärtsbewegung, bis es dicht vor ihrer Nase war, so daß es unmöglich war, ein Lachen zu unterdrücken.« *Mary Taylor an Elizabeth Gaskell, 1856.*

Margaret Wooler, die Direktorin von Roe Head, als alte Dame. Charlotte verdankte ihr viele Geschichten über die »Ludditer«, die aufständischen Weber, die in ihrer Jugend, zu Beginn der industriellen Revolution das Land um Roe Head unsicher gemacht hatten. Als Charlotte bei ihr eintrat, war sie Ende Dreißig und eine geliebte und respektierte Lehrerin.

»Ihr langes zu Zöpfen geflochtenes Haar bildete ein Krönchen, und lange Ringellocken fielen ihr bis auf die Schultern herab. Sie war weder hübsch noch stattlich, doch ihre ruhige Würde verlieh ihrer Erscheinung etwas Eindrucksvolles.« *Ellen Nussey, 1871.*

In Roe Head lernte Charlotte Ellen Nussey kennen, ihre lebenslange Freundin. Holzschnitt von Joan Hassall.

»Als ich mich dem Fenster zuwandte, um hinauszuschauen, wurde mir zum erstenmal bewußt, daß ich nicht allein war; unter dem großen Erkerfenster kauerte ein leise weinendes, dunkles, kleines Figürchen ... Ein karmesinrotes, lang herabhängendes Tuch, das den langen Tisch in der Mitte des Raums bedeckte, hatte ohne Zweifel dazu beigetragen, das zusammengekauerte kleine Geschöpf vor meinem Blick zu verbergen.

Ich sagte *zusammengekauert*, denn als ich Charlotte sah, war ihre Haltung die eines Menschen, der sich selbst und seinen Kummer zu verbergen wünscht. Ich war zugleich angerührt und betroffen, sie so traurig und in Tränen zu sehen. Gleichwohl wich sie nicht zurück, als ich sie ansprach, sondern bekannte in wenigen Worten, daß sie Heimweh habe. Nachdem ich sie, so gut es ging, ein wenig getröstet hatte, deutete ich ihr an, daß sie ebenfalls die Möglichkeit hätte, Trost zu spenden, denn ich litte an derselben Krankheit. Darauf erhellte ein schwaches zögerndes Lächeln ihr Gesicht. Die Tränen fielen; stumm nahmen wir uns bei

Ellen Nussey als junges Mädchen.

der Hand und plötzlich fühlten wir jene ursprüngliche Zuneigung, die tröstet, selbst wenn sie unausgesprochen bleibt.« *Ellen Nussey, 1871.*

»Ellen war wohl immer eine sanfte, reizende Person, konventionell und fromm, keine Intellektuelle, vertrauend und vertrauenswürdig – die ideale Freundin für stärkere und stürmischere Naturen. Charlotte fühlte sich sogleich zu ihr hingezogen, und die beiden waren bald herzlich befreundet, eine Freundschaft, die allerdings auf Charlottes Seite von dem Wissen um Ellens Grenzen geprägt war.« *Margaret Lane: »The Brontë Story«.*

Rydings, das Haus der Nusseys.

»Etwa drei Monate nachdem sie die Schule verlassen hatte, fand Charlottes erster Besuch von Haworth aus statt. Mr. Brontë schickte Branwell zu ihrer Begleitung. Bei diesem Anlaß war er ein überaus liebevoller Bruder, und er war Charlotte so teuer wie ihre eigene Seele; in ihren Neigungen und Gefühlen stimmten sie vollkommen überein und der eine erfreute sich an der Gegenwart des anderen.

Branwell war vorher vermutlich nie weit von zu Hause fortgewesen; alles versetzte ihn in äußerste Erregung. In jungenhaftem Überschwang ging er umher und ließ seine Blicke überallhin schweifen. Das alte Haus mit den Türmchen auf dem Dach, die prächtigen Walnußbäume auf dem Rasenplatz ... der große Krähenhorst, der dem Haus einen markanten Hintergrund verlieh – all das nahm er in sich auf und ließ sich in völliger Begeisterung darüber aus. Er sagte seiner Schwester, er lasse sie in einem Paradies zurück und wenn sie hier nicht völlig glücklich sei, werde sie es nie sein.« *Ellen Nussey, 1871.*

Sir Walter Scott (1771-1832) war einer der erfolgreichsten Schriftsteller seiner Zeit (historische Romane »Waverley«, »Ivanhoe«). Er belebte den schottischen Nationalstolz und schrieb unermüdlich, um seinen aufwendigen Lebensstil finanzieren zu können. Porträt von J. G. Gilbert, 1824.

»Du bittest mich, Dir ein paar Bücher zur Lektüre zu empfehlen. Das will ich tun, mit so wenigen Worten wie möglich. Wenn Du Poesie liebst, so achte darauf, daß sie von höchstem Rang ist: Milton, Shakespeare, Thomson, Goldsmith, Pope (wenn du willst, wenngleich ich nicht zu seinen Bewunderinnen gehöre), Scott, Byron, Campbell, Wordsworth und Southey. [. . .] Scotts wilde, süße, romantische Dichtkunst kann Dir keinen Schaden zufügen. Das gilt auch für Wordsworth, Campbell und Southey – beim letzteren zumindest für den größten Teil seines Werks.

An Büchern zur Geschichte lies Hume, Rollin und die ›Universal History‹ – wenn Du es über Dich bringst, ich selbst habe es nie getan. Was Romane angeht, lies einzig und allein Scott: alle Romane, die später geschrieben wurden, sind wertlos.« *Charlotte an Ellen Nussey, 4. Juli 1834.*

George Gordon Lord Byron (1788-1824) schrieb epische Gedichte und Erzählungen (»Harolds Pilgerfahrt«, »Der Korsar«). Seine ruhelosen, leidenschaftlichen, rebellischen Helden prägten die zeitgenössische Literatur und fanden Nachfolger in Charlottes Zamorna und Rochester. Befördert wurde ihre Popularität durch den eigenwilligen Lebenswandel des Dichters. Porträt von R. Westall, 1813.

»Erschrick nicht gleich bei den Namen Shakespeare und Byron. Beide waren sie große Männer, und ihre Werke sind wie sie. Du weißt, wie man das Gute herauspflückt und das Böse vermeidet; die schönsten Stellen sind immer die reinsten, die schlechten sind gleichbleibend abstoßend und Du wirst nie wieder den Wunsch haben, sie ein zweites Mal zu lesen. Verzichte auf die Komödien von Shakespeare und auf den ›Don Juan‹ und vielleicht auch auf ›Cain‹ von Byron, obwohl das letztere eine großartige Dichtung ist, und lies das übrige ohne Furcht; derjenige, der aus ›Henry VIII‹, ›Richard III‹, ›Macbeth‹ oder ›Hamlet‹ Böses herausliest, muß wirklich über einen lasterhaften Geist verfügen.« *Charlotte an Ellen Nussey, 4. Juli 1834.*

Red House, Sitz der Familie Taylor. Das literarische Abbild der Taylors sind die Yorkes auf Briarmains in »Shirley«. Eine stets aufgeregte, debattierfreudige Gesellschaft. Mit der klugen, weltoffenen Mary Taylor war Charlotte eng befreundet.

»Ich mag nicht immer in Briarmains leben. Im Vergleich zum Weltall ist der Planet, auf dem wir leben, schon nicht sehr groß, und wenigstens den will ich kennenlernen: zuerst unsre nördliche Halbkugel, dann die südliche. Mein Leben soll kein dunkler Schlafzustand sein, wie der einer verzauberten Prinzessin in einem Dornröschenschloß, auch kein langsames Hinsterben wie Ihr Leben im Pfarrhaus von Briarfield, das mir immer vorkommt wie eine Gruft mit Fenstern. Niemals sehe ich Menschen am Tor, höre hinter seinen Mauern keinen Laut. Ich glaube sogar, aus seinen Schornsteinen steigt niemals Rauch auf. Was tun Sie eigentlich dort?« *»Shirley«, 23. Kapitel.*

Grasper. from life - January 1834

Seite 64 oben: »Grasper nach dem Leben«. Zeichnung von Emily, 1834. Seite 64 unten: »Lycidas«. Aquarell von Charlotte. Oben rechts: Annas Selbstbildnis mit ihrem Spaniel Flossy. Oben links: »Terror«. Gemälde von Branwell.

»Um diese Zeit [1834/35] stellte Mr. Brontë einen Zeichenlehrer für seine Kinder ein, wie sich herausstellte, ein Mann von beachtlichem Talent aber schwachen Prinzipien. Obwohl sie niemals so etwas wie Meisterschaft errangen, entwickelten sie doch lebhaftes Interesse am Erlernen dieser Kunst; offensichtlich in dem natürlichen Drang, ihren starken Phantasien eine sichtbare Form zu geben.« *Elizabeth Gaskell: »The Life of Charlotte Brontë«.*

»Gruppe mit Gewehr«. Zeichnung von Branwell. Von links: Anne, Charlotte, Branwell und Emily.

»Es gibt da ein paar Leute in Gestalt von drei Mädchen, die sich als mit mir verwandt bezeichnen, doch ich leugne, daß sie meine Schwestern sind . . .«

»Wie sind ihre Namen?«

»Charlotte Wiggins, Jane Wiggins und Anne Wiggins.«

»Sind sie ebenso sonderbar wie Sie?«

»O, es sind erbärmliche, dumme Kreaturen, nicht wert, daß man über sie spricht. Charlotte ist achtzehn Jahre alt, ein plumpes untersetztes Wesen, dessen Kopf mir nur bis zum Ellenbogen reicht. Emily ist sechzehn, klein und mager und mit einem Gesicht nicht größer als ein Penny, und Anne ist ein Nichts, ein völliges Nichts.«

»Was? Ist sie blöde?«

»Sie sind nahe dran.«

»Nun, ihr seid ja eine hübsche Gesellschaft. Doch sagen Sie, Meister Wiggins, was hat sie zuerst bewogen, Howard zu verlassen?«

Charlotte: »My Angria and the Angrians«.

Anne. Aquarell von Charlotte, 1834.

»Anne – liebe, sanfte Anne – war eine ganz andere Erscheinung als ihre Schwestern. Sie war der Liebling ihrer Tante. Ihr Haar war sehr schön, hellbraun und fiel ihr in lieblichen Locken in den Nacken. Sie hatte wunderschöne veilchenblaue Augen, fein gezeichnete Augenbrauen und einen klaren, fast durchsichtigen Teint. Unter der Aufsicht ihrer Tante ging sie still ihren Geschäften nach und widmete sich besonders dem Nähen.« *Ellen Nussey, 1871.*

Fragmente von einem Gruppenbild, das Anne (links), Charlotte (Mitte) und Emily zeigt. Der Schreibwarenhändler von Haworth, John Greenwood, zeichnete diese Pausen von Branwells Bild. Wahrscheinlich wurde das Original von Arthur Bell Nicholls, Charlottes späterem Ehemann, zerstört. Nur Emilys Porträt überlebte als Ausschnitt.

»Emilys außerordentliche Zurückhaltung schien undurchdringlich, doch war sie ungemein liebenswert; sie flößte Vertrauen in ihre moralische Stärke ein. Wenige Menschen haben die Gabe, jemanden so anzuschauen und anzulächeln wie sie. Einen ihrer seltenen ausdrucksvollen Blicke konnte man ein Leben lang nicht vergessen, denn es lagen darin eine solche Tiefe der Seele und der Empfindung und zugleich eine Scheu, sich selbst zu enthüllen – eine Kraft der Selbstbeherrschung, wie man sie bei keinem anderen fand. Sie trug im strengsten Sinn ihr Gesetz in sich selbst und befolgte es wie eine Heldin. Sie und die sanfte Anne waren in ihrer Verschwisterung anzuschauen wie die Bildnisse von Kraft und Demut. In ihren jüngeren Tagen sah man sie, wann immer die Umstände es zuließen, Arm in Arm. Hoch oben in der Heide oder in einem tiefen Tal war Emily in ihrer Ausgelassenheit und Begeisterung wie ein Kind; sie verriet dann auch einen geheimen Hang zum Mutwillen. Sie hatte Spaß

daran, Charlotte an Orte zu führen, die diese aus freien Stücken nie aufzusuchen gewagt hätte. Charlotte hatte eine Sterbensangst vor unbekannten Tieren, und es bereitete Emily Vergnügen, sie in deren Nähe zu locken und ihr dann zu erzählen, wo sie sich befand.« *Ellen Nussey an Clement Shorter.*

Emily. Ölbild von Branwell, um 1833.

»Hell und dunkel waren die Kennzeichen ihrer Erscheinung in bezug auf Farbigkeit: Gesicht und Stirn hell, die Augen von sehr dunklem Grau und das Haar von dunkelstem Braun. Ihr blasses Gesicht besaß, ebenso wie ihre Figur, einen Reiz, der sich am treffendsten mit dem Worte ›Anmut‹ beschreiben läßt. Es war vornehm, aber durchaus nicht dünkelhaft und von klugem, rasch wechselndem, aber stets sprechendem Ausdruck. Nur waren diese Veränderungen nicht immer leicht zu verstehen, ihre Sprache nicht ohne weiteres zu deuten.« *»Shirley«, 11. Kapitel.*

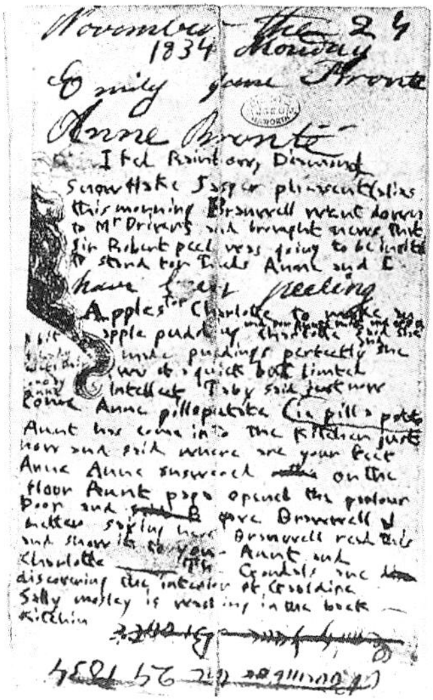
November the 24
1834 Monday
Emily Jane Bronte
Anne Bronte
I fed Rainbow, Diamond
Snowflake Jasper pheasent (alias
this morning Branwell went down
to Mr Drivers and brought news that
Sir Robert peel was going to be invited
to stand for Leeds Anne and I
have been peeling
Apples for Charlotte to make us
an apple pudding
Taby said just now
Come Anne pillopatate (ie pill a potate
Aunt has come into the Kitchen just
now and said where are your feet
Anne Anne answered on the
floor Aunt papa opened the parlour
Door and gave Branwell a
letter saying here Branwell read this
and show it to your Aunt and
Charlotte The Gondals are
discovering the interior of Gaaldine
Sally mosley is washing in the back
Kitchin

Emilys Tagebuchaufzeichnung vom 24. November 1834,
von ihr und Anne unterzeichnet.

»Ich fütterte heute morgen Rainbow, Diamond, Snowflake [die Tauben] und Jasper, den Fasan. Branwell ging zu Mr. Driver hinunter und brachte die Nachricht, daß Sir Robert Peel aufgefordert werden soll, für Leeds zu kandidieren ... Taby sagte gerade: Komm Anne, pell die Kartoffeln. Tante ist in diesem Augenblick in die Küche gekommen und sagte: Wo hast du deine Füße, Anne? Anne antwortete: Auf dem Boden, Tante ... Die Gondals erforschen das Innere von Gaaldine. Sally Mosley wäscht in der hinteren Küche.

Es ist zwölf Uhr mittags vorbei. Anne und ich haben uns weder zurechtgemacht noch unsere Betten oder unsere Aufgaben gemacht, und wir wollen nach draußen gehen und spielen. Zum Dinner werden wir gekochtes Rindfleisch, weiße Rüben, Kartoffeln und Apfelpudding bekommen. Die Küche ist in einem sehr unordentlichen Zustand. [...] Taby sagte, als ich ihr mit einer Schreibfeder ins Gesicht fuhr: Was pütscherst du hier rum, anstatt die Kartoffeln zu pellen. Ich antwortete: O je, o je, o je, ich tu es gleich. Damit stand ich auf, nehme ein Messer und beginne zu pellen ...«

Branwells Porträt seiner Schwestern, um 1834. Sein eigenes Bild in ihrer Mitte hat er später wieder zu tilgen versucht.

»Ich habe ein von Branwell gemaltes Ölbild gesehen, von dem ich nicht weiß, wann es entstand ... Es ist ein lebensgroßes Gruppenbild seiner Schwestern; was die technische Ausführung angeht, nicht viel besser als die Arbeit eines Schildermalers, doch, wie ich meine, von bewundernswürdiger Lebensechtheit ... Das Bild wurde fast in seiner Mitte durch eine große Säule geteilt. Auf der einen Seite, die vom Licht der Sonne erhellt wurde, stand Charlotte in der Frauenkleidung jener Zeit mit Keulenärmeln und großem Kragen. Auf der tief im Schatten liegenden Seite war Emily, auf deren Schulter Annes sanftes Antlitz ruhte. Emilys Gesichtsausdruck beeindruckte mich durch seine gesammelte Kraft, Charlottes durch Bekümmertheit und Annes durch Sanftheit. Ich erinnere mich, wie ich diese beiden traurigen, ernsten, überschatteten Gesichter betrachtete und mich fragte, ob ich darin jenen geheimnisvollen Ausdruck entdecken konnte, der, wie man sagt, auf einen frühen Tod hindeutet.« *Elizabeth Gaskell: »The Life of Charlotte Brontë«*

Angria und Gondal

Die Jahre 1832 bis 1835, die die Geschwister wieder vereint in Haworth verbrachten, gingen nach außen hin ereignislos vorbei. »Morgens zwischen neun und halb zwölf unterrichte ich meine Schwestern und zeichne; dann gehen wir spazieren bis zum Dinner. Nach dem Dinner nähe ich bis zur Teestunde, und nach dem Tee schreibe oder lese ich, handarbeite oder zeichne, je nachdem . . .«, schrieb Charlotte an Ellen Nussey. Was sie nicht erwähnte, war die beinahe fieberhafte Aktivität, die sie nach dem Tee entfaltete, wenn sie zusammengekniffte Papierbögen in ihrer winzigen Schrift mit Angria-Geschichten bedeckte: 19 000 Worte allein für »The Secret« und »Lily Hart«, die sie in wenigen Tagen herunterschrieb. Während Branwell für Statistik und Verwaltung zuständig war, lebte Charlotte in den politischen und erotischen Verwicklungen des umfangreichen Traum-Ensembles.

Als sie mit neunzehn Jahren als Lehrerin nach Roe Head zurückkehrte, wurden ihre Gedankenspiele zur Sucht. Obwohl Emily und später Anne sie als Schülerinnen begleiteten, vereinsamte sie auf der Schule und drohte in ihren Tagträumen unterzugehen. Auch Gebete und Selbstbestrafungen schienen nicht mehr zu helfen gegen die leibhaftige Erotik – den Herzog von Zamorna.

Charlottes Pult.

Rückblick

Wir woben ein Netz in der Kinderzeit,
Ein Netz aus sonnigem Schein,
Eine Kindheitsquelle gruben wir,
Ein Wasser klar und rein.

Jung pflanzten wir ein Senfkorn ein,
Brachen das Mandelreis noch grün;
Wir sind nun erwachsen geworden, doch sie –
Verdorrten sie mitten im Blühn?

Sind sie erstickt und zu Tode ermattet,
Wurde zu Asche, was Feuer schien?
Denn das Leben ist dunkel umschattet
Und seine Freuden ziehn schnell dahin.

Charlotte: »›Wuthering Heights‹ and ›Agnes Grey‹. With selected Poems«, 1850.

Der Herzog von Zamorna, die schwarze Majestät im Traumreich Angria, Zeichnung von Charlotte.

»Niemals werde ich, Charlotte Brontë, den Klang jener wilden und wehklagenden Musik vergessen, die ich erschauernd in meinem Inneren – fast sogar in meinen Ohren – hörte; oder wie deutlich ich, im Klassenzimmer von Roe Head sitzend, den Herzog von Zamorna an jenem Obelisk lehnen sah, über ihm die stumme, marmorne Siegesgöttin . . . und über allem ausgespannt der afrikanische Himmel mit dem Geflimmer seiner Sterne. Ich war ganz hinüber. Ich hatte wirklich völlig vergessen, wo ich war und die ganze Düsterkeit und Freudlosigkeit meiner Lage. Ich spürte meinen schnellen, kurzen Atem, als ich sah, wie der Herzog seinen Helm mit dem schwarzen Busch lüftete, der wie die Federn auf einem Leichenwagen im Winde wehte, und ich wußte, daß diese Musik ihn erregte und seinen immer schnellen Puls beschleunigte.

›Miss Brontë, woran denken Sie?‹, sagte eine Stimme, die allen Zauber verscheuchte, und Miss Lister schob ihren kleinen, groben, schwarzen Kopf vor mein Gesicht. Sic transit . . .« *Charlotte: »Roe Head Journal«.*

Alexander Percy – Rogue – Ellrington – oder Northangerland, ein Bösewicht in vielfacher Gestalt und der große Gegenspieler Zamornas war Branwells bevorzugter Held in Angria. Er hat ihn immer wieder gezeichnet. Als jungen Mann ...

»Es war der dritte und letzte Wagenlenker, der die allgemeine Aufmerksamkeit am stärksten auf sich zog. Er war ein großer, sehr stattlicher junger Mann, dessen ebenmäßige Gestalt sich überaus vorteilhaft ausnahm, als er aufrecht auf seinem kleinen, leichten Gefährt stand, lässig die stolzen, tänzelnden Pferde zügelnd, die durch lautes Schnauben und Hochwerfen ihrer prächtig geschwungenen Hälse zum Ausdruck zu bringen schienen, daß sie sich der Überlegenheit ihres Herrn über die anderen Mitstreiter bewußt waren. Dieser junge Mann bot, wie ich sagte, einen prächtigen Anblick. Seine Gesichtszüge waren ebenmäßig, seine Stirn gerade, doch nicht sehr ausgeprägt. Aber im Ausdruck seiner blauen, funkelnden, doch finsteren Augen und im Lächeln, das fortwährend seinen verschlagen wirkenden Mund umspielte, lag der Hauch einer tiefen, rastlosen Niederträchtigkeit, die dem durchdringenden Beobachter verriet, daß das Innere dem Äußeren nicht entsprach, während ein häßlicher Anflug auf den reinen Wangen plötzlich den Wüstling, den

. . . als Seeräuber

Spieler und vielleicht den Trunkenbold ahnen ließ. So lautet die Beschreibung, soweit meine schwache Feder ihr Gestalt zu verleihen in der Lage war, des Colonel und Ehrenwerten Alexander Augustus Percy.«
Charlotte: »The Green Dwarf«.

... als alternden Trunkenbold.

»Die Todesstrafe, die über den Genannten verhängt worden war, wurde später in eine sechzehnjährige Verbannung umgewandelt. Während dieser Zeit zog er durch die Welt, manchmal ein Seeräuber, manchmal ein Banditenführer und immer der Gefährte der liederlichsten und verworfensten Menschen ... Heute können nur wenige in diesem verschlagenen Volksverführer, ausgelaugten und zermürbten Wüstling Alexander Rogue, Viscount Ellrington, den einst so glänzenden und stattlichen jungen Soldaten, Colonel Augustus Percy, wiedererkennen.« *Charlotte: »The Green Dwarf«.*

Mary Henrietta Percy, Charlottes Favoritin in den frühen Schriften, war die Tochter des Schurken Alexander Percy und die vielfach betrogene Ehefrau des Herzogs von Zamorna.

»Niemals habe ich etwas gesehen, das so faszinierend gewesen wäre wie die liebreizende, doch edle Herablassung ihres Betragens. Sie entstieg ihrer Karosse und schritt ohne Begleitung durch eine dichte Menge kühner, kerniger Bauern, schwebte wie ein Sonnenstrahl durch ihre ernsten, düsteren Reihen und die rauhkehligen, donnernden Hochrufe, die das Himmelsgewölbe erzittern ließen, beantwortete sie mit süßer, weicher Stimme, mit so schlagfertigen und angemessenen Worten und in einer Weise, die so ungezwungen, so hoheitsvoll und doch so fraulich und sanft war, daß ihre ungehobelten Zuhörer, unfähig, dem Zauber ihrer Sprache und Erscheinung zu widerstehen, öfters zur gleichen Zeit in ein Gebet ausbrachen, das alle Segnungen des Himmels und der Erde für jenen liebreizenden Engel erflehte, dem eine so anmutige fleischliche Gestalt verliehen worden war.« *Charlotte: »High Life in Verdopolis«.*

Charlotte kopierte gern Stiche des Malers W. Finden und verlieh den Dargestellten eine Angria-Persönlichkeit. Hier Caroline Vernon, eine von Zamorna verführte Unschuld, die ihr Schicksal mit Fleiß herbeiführte.

»Tatsächlich war sie prachtvoll gewachsen; ihr Körper war von so vollkommenem Ebenmaß, daß ihre Bewegungen gar nicht anders als anmutig sein konnten. Was ihre wundervollen Augen betraf, so dunkel und groß, daß ein ganzer Schock Dichter rasend werden konnte, ihre blitzenden Zähne und die üppige Flut ihres Haares, schimmernd und in langen Locken herabwallend, die sie nie kämmte – all dies galt ihr nicht als schön. Sie hatte weder rosige Wangen noch eine gerade griechische Nase oder eine Alabasterstirn, so daß sie kummervoll bei sich dachte, man werde sie niemals als ein hübsches Mädchen ansehen.« *Charlotte: »Caroline Vernon«.*

In das Bild der Marian Hume, einer frühen Zamorna-Liebe, legte Charlotte die zeitgenössischen idealen Schönheitsattribute, die sie bei sich selbst so schmerzlich vermißte: die zarte Haut, die Alabasterstirn, das Kirschenmündchen.

»Die andere Gestalt war die eines sehr jungen schlanken Mädchens mit zarter, heller, fast durchsichtiger Haut. Ihre Wangen waren in ein volles, weiches Rot getaucht und ihre liebreizenden Gesichtszüge mit äußerster Vollkommenheit ausgebildet; das klare Leuchten ihrer strahlenden haselnußbraunen Augen und die weichen Wellen ihres kastanienbraunen, lockigen Haares vermehrten ihren Reiz und verstärkten den Eindruck von beinahe unirdischer Schönheit.« *Charlotte: »The Bridal«.*

Ob Mina Laury den Herzog von Zamorna so unsterblich liebte, obwohl oder weil er sie so schlecht behandelte, vermag Charlotte nicht zu entscheiden. Vermutlich war sie sich dieses »Geheimnisses der menschlichen Natur« selbst nicht ganz bewußt.

»Miss Laury gehörte dem Herzog von Zamorna. Sie war unbestreitbar sein Eigentum, ebenso wie das Haus von Rivaulx oder der stattliche Forst von Hawkscliffe, und so schätzte sie sich auch selbst ein. Sie hatte nur einen Gedanken – Zamorna! Zamorna! Dieser Gedanke hatte sich in ihr ausgebreitet und war ein Teil ihres Wesens geworden. Abwesenheit, Kälte, völlige Nichtbeachtung über lange Zeit machten ihr nichts aus. Die Entfremdung von ihm verspürte sie ebensowenig wie die von sich selbst. Sie begehrte nicht einmal auf, wenn er sie vergaß, wie es vielleicht der religiöse Eiferer tut, wenn seine Gottheit ihr Antlitz für eine Zeit von ihm abzuwenden scheint und ihn der Prüfung durch irdische Leiden aussetzt. Es schien, als ob sie mit der Erinnerung daran leben konnte, was er ihr einst gewesen war, ohne nach mehr zu verlangen.« *Charlotte: »Mina Laury«.*

Alexander Percy am Totenbett seiner Tochter Mary, die aus Kummer über Zamornas Verbannung dahinwelkt. Aquarell von Charlotte.

»Es darf nicht sein! Dort liegt sie, kalt und sterbend
allein auf dem verlass'nen Bett,
ein Mitternachtssturm wird ihr Requiem heulen,
wenn sie der letzten schwarzen Stunde Schrecken
zueilen wird im ungehemmten Schritt. Und Mary liegt
und weiß den Tod sich nahe. Derweil die Seele
schon die Flügel rührt, fliegt auch der Geist
zu jenen Tagen, die längst vergangen und verschwunden sind.

Der grause Traum wird wahr; dort über ihrem Dornenlager
zeigt sich des Vaters Stirn in Seelenpein.
Umwölkt der Blick, den sie ihm schenkt, ein Blick
der Liebe und des sonderbaren Tadels. Oh, wie die Sinne schweifen!
Und plötzlich Bilder vor den Augen glüh'n!
Ich sehe ihn, wie er sich beugt zu seinem Kinde,
ich sehe ihre Seele flieh'n.« *Charlotte: »Zamorna's Exile«.*

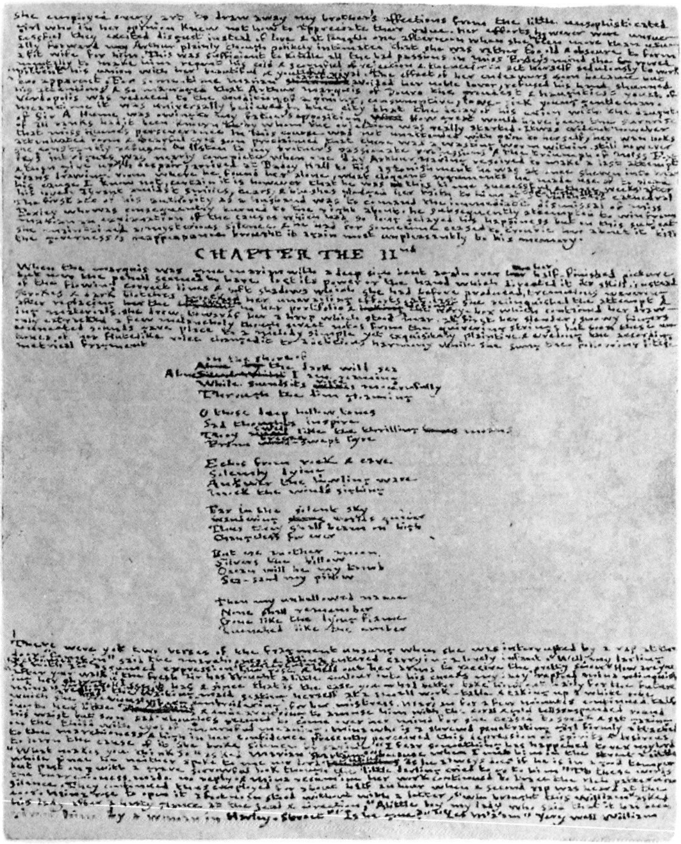

Manuskriptseite, Originalformat.

CHAPTER THE IInd

»When the marquis was gone, Marian, with a deep sigh, bent again over her half-finished picture; but now the pencil seemed to have lost its power, or the hand which directed it its skill. Instead of the flowing, correct lines and soft shadows which she had before produced, tremulous, wavering strokes and dark blotches mocked her unavailing efforts. At last she relinquished the attempt, and after replacing the sketch in her portfolio and closing the ivory box which contained her drawing materials, she drew towards her a harp which stood near. At first her slender, snowy fingers only extracted a few melancholy though sweet notes from the quivering strings; but soon these unconnected sounds gave place to a melody simple yet exquisitely plaintive; and ere long the according tones of her fluterlike voice changed it to a delicious harmony while she sang the following little metrical fragment:

On the shore of the dark, wild sea,
Alone I am roaming,
While sounds its voice mournfully
Through the dim gloaming

O! those deep, hollow tones
Sad thoughts inspire,
They swell like the thrilling moans
From breeze-swept lyre.

Echoes from rock and cave,
Solemnly dying,
Answer the howling wave,
Mock the wind's sighing.

Far in the silent sky,
Wandering worlds quiver;
Thus they shall beam on high,
Changeless for ever.«

Charlotte: »The Secret«.

Zamorna nahm mit zunehmendem Alter der Autorin dämonische Züge an und bereitete ihr Gewissensnöte.

»Oh Zamorna! Welche Augen blitzen dort aus dem tiefen Schatten des schwarzen Helmbusches! Sie lassen nichts Gutes ahnen . . . Satan selbst verlieh ihnen ihren Schein, um die mitternächtliche Düsterkeit zu vertiefen, die immer dort folgt, wo ihr Glanz in Liebe gefallen ist. Alles in ihnen spricht von Leidenschaft und unauslöschlichem Feuer. Heftige Sünde, stürmischer Stolz, stürzende und auffliegende Begeisterung, Krieg und Dichtkunst haben ihr Feuer in seinen Adern entzündet, und sein wildes Blut kocht zu seinem Herzen hin und zurück wie ein Sturzbach ausbrechender Lava.« *Charlotte: »A Peep into a Picture Book«.*

Die Gouvernanten

»Gibt es etwas Achtbareres auf dieser Welt als eine unverheiratete Frau, die ihren eigenen Weg geht, ruhig und standhaft und ohne die Unterstützung eines Mannes?« Die Schwestern gingen ihren Weg als Gouvernanten mit mäßigem Erfolg. Ob nun die Kinder englischer Aristokraten die verwöhnten kleinen Monster waren, wie Anne sie später in »Agnes Grey« schilderte, oder ob die Erziehungsmethoden dieser ernsten jungen Frauen an munteren Gören scheitern mußten, läßt sich nicht mehr mit Gewißheit klären. Sicher ist, daß Charlotte und Anne unter der Borniertheit ihrer Arbeitgeber litten. Die Mutter des Knaben Sidgwick, dessen Streiche Charlotte für sich behalten hatte und der deshalb seine Hand in ihre legte und sagte: »I love 'ou Miss Brontë«, rief vor versammelter Familie aus: »Die Gouvernante lieben – Kind!«

Wie lange Emilys Aufenthalt in der Schule von Law Hill dauerte, ist ungewiß. Überliefert ist ihr Ausspruch, daß das einzige Wesen, das sie in dem Etablissement leiden möge, der Haushund sei.

Branwell, inzwischen 19 Jahre alt, hatte noch immer keine Beschäftigung gefunden, die seinen anscheinend so glänzenden Gaben entsprach. Von einer Reise nach London, wo er sich auf der Kunstakademie einschreiben sollte, kehrte er ergebnislos zurück. In Bradford eröffnete er ein Studio als Porträtmaler. Die Gesellschaft in dem kleinen Künstlerzirkel behagte ihm, aber die Aufträge blieben aus und er zog wieder zurück nach Haworth. Sein Stern in der Familie begann zu sinken.

Law Hill bei Halifax, wo Emily einige Monate als Lehrerin arbeitete.

»Liebe, liebe Ellen,

... Meine Schwester Emily hat eine Stellung als Lehrerin an einer großen Schule für beinahe 40 Schüler in der Nähe von Halifax angenommen. Seit ihrer Abreise habe ich einen Brief von ihr bekommen; er enthält eine schreckliche Beschreibung ihrer Aufgaben – harte Arbeit von 6 Uhr früh bis beinahe 11 Uhr abends mit nur einer halbstündigen Erholungspause dazwischen. Das ist Sklaverei.« *Charlotte an Ellen Nussey, 2. Oktober 1837.*

Robert Southey. Gemälde von H. Edridge, 1804. Robert Southey (1774–1843) schrieb epische Dichtungen und Balladen. Charlotte schickte dem Hochgeschätzten einige Gedichte mit der Bitte um literarischen Rat.

»Sie besitzen offenbar, und das in nicht unbeträchtlichem Maße, was Wordsworth den ›Sinn für den Vers‹ nennt. Ich mache daran keine Abstriche, wenn ich sage, daß dies heutzutage nicht selten ist . . . Doch es gibt da eine Gefahr, vor der ich Sie mit allem Wohlwollen und Ernst warne. Die Tagträume, denen Sie sich gewohnheitsmäßig hingeben, sind wahrscheinlich geeignet, einen krankhaften Gemütszustand hervorzurufen; und in dem Maße, in dem alle gewöhnlichen Dinge des Lebens Ihnen platt und unnütz erscheinen, werden Sie untauglich für ebendiese, ohne daß Sie für irgend etwas anderes besser tauglich würden. Literatur kann nicht die Hauptbeschäftigung im Leben einer Frau sein, und sie sollte es auch nicht sein. Je mehr sie sich den ihr eigenen Aufgaben widmet, desto weniger Muße wird sie für Literatur haben, sogar wenn sie diese lediglich als eine Ergänzung und Entspannung betrachtet.«

Robert Southey an Charlotte, März 1837.

Emily und Annes Tagebuchnotiz vom 26. Juni 1837.

»Kurz nach 4 Uhr. Charlotte arbeitet in Tantes Zimmer, Branwell liest ihr ›Eugene Aram‹ vor – Anne und ich schreiben im Salon. Anne fängt ein Gedicht an ›Schön war der Abend und strahlend die Sonne‹ – ich Augusta-Almedas Leben [. . .] Papa ist ausgegangen, Tabby in der Küche. Die Herrscherinnen und Herrscher von Gondal und Gaaldine sind im Begriff, von Gondal nach Gaaldine abzureisen, um sich auf die Krönung vorzubereiten, die am 12. Juli stattfinden wird. Königin Vittoria (sic) bestieg diesen Monat den Thron. Northangerland auf Monkeys Isle – Zamorna in Eversham. Alle gut beieinander [. . .]

Tante: Komm, Emily, es ist nach vier Uhr.

Emily: Ja, Tante – Tante ab.

Anne: Willst du heute abend schreiben?

Emily: Was meinst du?

(Wir beschlossen, erst spazierenzugehen, um sicher zu sein, daß wir in die rechte Stimmung kommen.)«

Joseph Bentley Leyland, Bildhauer aus Halifax. Branwells Freund und Vorbild.

John Brown, der Küster von Haworth. Er führte Branwell bei den Freimaurern ein und hielt zu ihm in Krankheit und Abstieg. Sein Porträt gehört zu Branwells gelungenen Kompositionen.

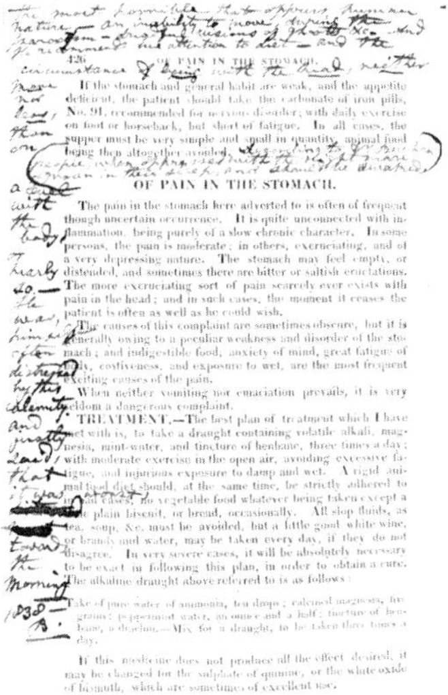
426 OF PAIN IN THE STOMACH.

If the stomach and general habit are weak, and the appetite deficient, the patient should take the carbonate of iron pills, No. 91, recommended for nervous disorder; with daily exercise on foot or horseback, but short of fatigue. In all cases, the supper must be very simple and small in quantity, animal food being then altogether avoided.

OF PAIN IN THE STOMACH.

The pain in the stomach here adverted to is often of frequent though uncertain occurrence. It is quite unconnected with inflammation, being purely of a slow chronic character. In some persons, the pain is moderate; in others, excruciating, and of a very depressing nature. The stomach may feel empty, or distended, and sometimes there are bitter or saltish eructations. The more excruciating sort of pain scarcely ever exists with pain in the head; and in such cases, the moment it ceases the patient is often as well as he could wish.

The causes of this complaint are sometimes obscure, but it is generally owing to a peculiar weakness and disorder of the stomach; and indigestible food, anxiety of mind, great fatigue of body, costiveness, and exposure to wet, are the most frequent exciting causes of the pain.

When neither vomiting nor emaciation prevails, it is very seldom a dangerous complaint.

TREATMENT.—The best plan of treatment which I have met with is, to take a draught containing volatile alkali, magnesia, mint-water, and tincture of henbane, three times a day; with moderate exercise in the open air, avoiding excessive fatigue, and injurious exposure to damp and wet. A rigid animal food diet should, at the same time, be strictly adhered to in bad cases, no vegetable food whatever being taken except a little plain biscuit, or bread, occasionally. All slop fluids, as tea, soup, &c. must be avoided, but a little good white wine, or brandy and water, may be taken every day, if they do not disagree. In very severe cases, it will be absolutely necessary to be exact in following this plan, in order to obtain a cure. The alkaline draught above referred to is as follows:

Take of pure water of ammonia, ten drops; calcined magnesia, five grains; peppermint water, an ounce and a half; tincture of henbane, a drachm.—Mix for a draught, to be taken three times a day.

If this medicine does not produce all the effect desired, it may be changed for the sulphate of quinine, or the white oxide of bismuth, which are sometimes of excellent use.

Eine Seite aus »Grahams Hausmedizin«. Patrick machte darin handschriftliche Anmerkungen zum Thema Alpdruck. ». . . das schrecklichste, das eine menschliche Natur quälen kann – eine Unfähigkeit, sich während des Krampfes zu bewegen, furchtbare Visionen von Gespenstern usw. . . . Nach Dr. Buchan stöhnen Menschen im Schlaf, wenn sie von einem Alpdruck geplagt werden, und man sollte sie wecken.« Der Hinweis »B. 1838« läßt möglicherweise darauf schließen, daß Branwell mit 21 Jahren an unerklärlichen Zuständen litt.

»O Percy, sag, wo bist du? Hörst du mich?
Zum Opfer bracht' ich meinen Gott für dich,
Und dennoch kommst du nicht, läßt mich allein;
Mir war's, als bräche jäh ein Strahl herein,
In flücht'ger Helle, wie ein Blitz entschwunden!
O komm, so kalt und dunkel sind die Stunden,
Ein Wesen steht an meines Bettes Rand,
O löse mich aus seiner eis'gen Hand,
Die mich bedrückt, o hebe meinen Kopf,
Ich kann nicht atmen . . .«

Branwell, 14. Mai 1838.

Charlottes Porträt von J. H. Thompson aus Bradford. Vermutlich wurde das Bild, das sie in ihrer Zeit als Gouvernante zeigt, erst später vollendet, als sie eine bekannte Autorin war. In Kleidung und Haarstil ähnelt es Richmonds Bild von 1850. (Denkbar ist allerdings auch, daß Charlotte ihre modischen Gewohnheiten in über zehn Jahren nicht änderte.)

»Ich glaube, Lucy Snowe, das Gesetz deines Lebens versagt dir diese Fülle. Dir muß der halbe Mond genügen. Nun gut. Ich sehe, daß es einer Unmenge von meinen Mitgeschöpfen nicht besser geht. Ich sehe, daß unzählige Männer und noch mehr Frauen zeit ihres Lebens nichts als Abweisung erfahren und Mangel erleiden. Warum in aller Welt sollte ich eine von den wenigen Glücklichen sein?

Und nun genug von diesem Thema. Es ist richtig, dann und wann die Lebensrechnung klaräugig und tapfer zu prüfen und die Posten ernsthaft zusammenzuzählen. Und der ist ein jämmerlicher Lügner vor sich selbst, der falsch zusammenrechnet und unter die Rubrik Glück das setzt, was in Wahrheit Elend ist.« *»Villette«, 31. Kapitel.*

Branwell, nach erfolglosen Anläufen als Maler und Poet, fand eine Stellung als Hauslehrer. Nach einigen Monaten wurde er wieder entlassen, weil er den beiden Postlethwaites-Knaben während der Schulstunden Bilder malte und Geschichten dazu erzählte.

»Nun, was ich bin? Das heißt, wofür halten sie mich? Für einen sehr ruhigen, gesetzten, nüchternen, enthaltsamen, geduldigen, mildherzigen, tugendhaften, vornehmen Philosophen, das Bild guter Werke und die Schatzkammer rechtschaffener Gedanken. Karten werden unter das Tischtuch geschoben, Gläser in dem Buffett versorgt, wenn ich das Zimmer betrete. Ich nehme weder Spirituosen noch Wein noch Malzgetränke. Ich kleide mich in Schwarz und lächle wie ein Heiliger oder ein Märtyrer. Jedermann sagt: ›Was für ein braver junger Herr ist doch Mr. Postlethwaites Hauslehrer!‹ Das ist eine Tatsache, so wahr ich eine lebende Seele bin, und ich mache mich sehr behaglich lustig über sie. Ich gedenke, mir ihre gute Meinung zu erhalten. Ich habe in Kendal, am Abend, als ich fortfuhr, für ein halbes Jahr Abschied vom alten Freund Whisky genommen.« *Branwell an John Brown, 13. März 1840.*

Hartley Coleridge. Porträt von Robert Tyson. Er riet Branwell bei einem Besuch, »die Literatur zu seinem Leben zu machen«. Wie Branwell war auch der Sohn des Dichters Samuel Coleridge in eine imaginäre Welt verstrickt, die ihn die Anforderungen der Realität nicht bestehen ließ.

William Weightman, Hilfspfarrer in Haworth, »ein anziehender, aufgeräumter junger Mann« (Charlotte) wurde von Anne geliebt. Er starb, ehe sich die beiden erklären konnten. Faksimile eines Briefes.

»Mr. Weightman hat Haworth heute morgen verlassen; wir erwarten ihn nicht vor einigen Wochen zurück. Ich bin vollständig davon überzeugt, daß er ein Courschneider durch und durch ist; seine Seufzer sind tiefer denn je und sein Gehen auf Zehenspitzen noch beflissener. Ich habe festgestellt, daß er weit und breit tiefen Eindruck gemacht hat. Keighley hat sich ihm als ein fruchtbares Feld der Eroberung zu Füßen geworfen. Sarah Sudgen ist hell entflammt und Caroline Dury ebenfalls. Sie ist jedenfalls zurückgeblieben, und die genossene Verehrung hat noch nicht aufgehört, ihre Erinnerung zu vergolden. Ich glaube, er ist sich seiner Unwiderstehlichkeit völlig bewußt und darauf so stolz wie ein Pfau. *Charlotte an Ellen Nussey, 14. Juli 1840.*

Emilys zahmer Falke, Hero.

»Es ist Freitagabend, kurz vor neun Uhr, wildes, regnerisches Wetter. Ich sitze im Eßzimmer, bin gerade damit fertig geworden, unsere Pulte aufzuräumen, und schreibe diese Zeilen. Papa ist im Salon – Tante ist oben in ihrem Zimmer. Sie hat Papa aus Blackwoods Magazine vorgelesen. Victoria und Adelaide [die Gänse] haben sich im Torfschuppen niedergelassen, Keeper ist in der Küche – Hero ist in seinem Käfig. Wir sind alle bei Kräften und guter Dinge und ich hoffe, daß Charlotte, Branwell und Anne es auch sind. Charlotte ist bei John White, Esq., Upperwood House, Rawdon; Branwell ist in Luddenden Foot und Anne ist, glaube ich, in Scarborough und schreibt dort vielleicht ähnliche Zeilen nieder.

Zur Zeit wird ein Plan erwogen, unsere eigene Schule zu gründen; zwar ist noch nichts entschieden, aber ich hoffe und vertraue darauf, daß er weiter verfolgt wird [. . .] Ich wüßte gern, ob wir heute in vier Jahren noch immer so langweilig dahinleben werden wie jetzt oder ob wir von Herzen zufrieden sein werden.

Keeper, Flossy und Katze, Zeichnung von Emily.

Ich stelle mir vor, daß zu der Zeit, die zur Öffnung dieser Papiere festgesetzt ist, wir (d. h. Charlotte, Anne und ich) alle fröhlich in irgendeinem hübschen, gutgehenden Seminar in unserem eigenen Zimmer sitzen werden [. . .] Unsere Schulden werden bezahlt sein [. . .] Es wird ein schöner, warmer Sommerabend sein, ganz anders als die hiesige Öde . . . Die Gondaländer sind zur Zeit in einer furchtbaren Lage, doch bis jetzt gibt es noch keinen offenen Bruch. Alle Prinzen und Prinzessinnen der Krone befinden sich im Palast der Weisung. Ich habe eine Menge Bücher zur Hand, muß aber leider sagen, daß ich wie üblich mit der Lektüre nur langsam vorankomme. Jedenfalls habe ich gerade einen neuen Arbeitsplan gemacht. Ich muß hart arbeiten, wenn ich große Dinge leisten will. Und nun schließe ich und sende aus der Ferne eine Ermunterung: Mut, Jungs, Mut! an die verbannte und gequälte Anne und wünschte, sie wäre hier.« *Emily, 30. Juli 1841.*

Das Lord Nelson Inn in Luddenden. Branwell auf seinem neuen Posten bei der Eisenbahn verbrachte darin einen guten Teil seiner Zeit. Als bei einer Buchprüfung elf Pfund fehlten, wurde er entlassen.

Brüssel

1842–1844

Zurückgekehrt nach schmerzlichen Erfahrungen nahm bei den Wanderungen um den Wohnzimmertisch ein Plan Gestalt an, der die drei aus der Gouvernanten-Abhängigkeit erlösen sollte: eine eigene Schule im Pfarrhaus. Da die Konkurrenz jedoch groß war und ihre Bildung nicht überdurchschnittlich, beschlossen sie, daß Charlotte und Emily nach Brüssel ins Pensionat Heger gehen sollten, um dort kontinentalen Schliff zu erhalten: ein französischer Akzent, Klavierspiel, Deutsch . . .

In Brüssel blieben die beiden völlig unter sich. Sie waren zehn Jahre älter als ihre Mitschülerinnen, strenge Protestantinnen und mit den unverblümtesten Vorurteilen ausgestattet. Ihre unmodernen Röcke schlappten um sie herum wie seit den Kindertagen – teils weil der Vater keine Üppigkeiten wünschte, teils weil seine Furcht vor Feuer keine gebauschten Kleider in Kaminnähe ertrug. Und Papas Wort war auch in Brüssel Gesetz. Den Katholizismus taten sie als »schwachen, kindischen Humbug« ab, aber als Emily nach dem Tod der Tante in Haworth zurückgeblieben war, versuchte die einsame Charlotte »aus einer überspannten Laune heraus« in einer katholischen Kirche zu beichten.

Niederdrückender noch als ihre Isolierung war Charlottes aussichtslose Liebe zu Constantin Heger, dem Ehemann der Pensionatsleiterin, einem ebenso strengen wie feurigen Pädagogen, der Charlottes Ehrgeiz und Bildungshunger zu fördern wußte. Heger brachte seiner Schülerin Freundlichkeit, aber keine Liebe entgegen. Und außerdem war ja auch noch die aufmerksame Madame Heger da. In den Briefen, die Charlotte ihm, heimgekehrt nach Haworth, schrieb, überwand die sonst so Beherrschte ihre Angst vor Zurückweisung und ihren ewigen »Anstand« und bettelte um ein wenig Zuneigung, aber Heger antwortete klüglich bald nicht mehr.

Die Brüsseler Zeit mit ihren Schmerzen und Hoffnungen bildet den Hintergrund ihrer Romane »The Professor« und »Villette«.

Der Place Royale, Brüssel um 1840

»Dies ist Belgien, lieber Leser. Nenne das Bild bitte nicht fade oder stumpfsinnig – als ich es zum erstenmal erblickte, kam es mir weder fade noch stumpfsinnig vor. Als ich Ostende an einem milden Februarmorgen verließ und mich auf der Straße nach Brüssel befand, konnte mir nichts langweilig erscheinen [. . .] Ich war jung; ich war gesund; Vergnügen hatte ich nie kennengelernt, kein Wohlleben hatte einen Bereich meines Wesens ermüdet oder übersättigt. Zum erstenmal atmete ich die Luft der Freiheit, und die Macht ihres Lächelns und ihrer Umarmung gaben meinem Leben neue Kraft wie der Westwind und die Sonne.«

»The Professor«, 7. Kapitel.

Das Pensionnat de Demoiselles von Monsieur und Madame Heger in der Rue d'Isabelle in Brüssel, in dem Charlotte und Emily von Februar bis November 1842 lebten.

»In einer sehr stillen und vergleichsweise sauberen und gutgepflasterten Straße sah ich ein Licht. Es brannte über der Tür eines ziemlich großen Gebäudes, das seine Nachbarn um ein Stockwerk überragte. Das mochte nun endlich das Gasthaus sein. Ich hastete weiter; jetzt zitterten mir die Knie, mehr und mehr überkam mich Erschöpfung.

Es war kein Gasthof. Eine Messingtafel schmückte den stattlichen Torweg. ›Pensionnat de Demoiselles‹ stand darauf und darunter ein Name: ›Madame Beck‹.« *»Villette«, 7. Kapitel.*

Der Garten des Pensionats Heger zur Zeit von Charlottes Aufenthalt.

»Hinter dem Haus lag ein großer Garten, und im Sommer lebten die Schülerinnen fast ganz draußen zwischen Rosenbüschen und Obstbäumen. Madame pflegte an Sommernachmittagen unter dem geräumigen, weinbewachsenen Laubenbogen Platz zu nehmen. Dann ließ sie die Klassen abwechselnd holen, daß sie sich um sie setzten und nähten und vorlasen. In der Zwischenzeit kamen und gingen Magister und hielten kurze, lebendige Vorlesungen – eher Vorträge als Unterrichtsstunden ,
und die Schülerinnen zeichneten sich Stichworte über ihre Unterweisungen auf oder auch nicht, ganz nach Laune. Denn falls sie es unterließen, waren sie sicher, daß sie die Notizen von ihren Gefährtinnen abschreiben konnten.« *»Villette«, 8. Kapitel.*

Die Familie Heger. Gemälde von Ange Francois, 1848.

»Madame Beck war ein höchst konsequenter Charakter, nachsichtig gegen alle Welt und zärtlich zu keinem Teil von ihr. Die eigenen Kinder verlockten sie zu keiner Abweichung von ihrer gleichmäßigen stoischen Ruhe. Sie war besorgt um ihre Familie und wachte über deren Belange und ihr physisches Wohlsein; aber den Wunsch, ihre kleinen Kinder auf den Schoß zu nehmen, kannte sie offenbar nicht. Nie trieb es sie dazu, die Lippen auf ihren rosigen Mund zu drücken, sie in einer herzlichen Umarmung zu umschließen und sie mit milden Liebkosungen und liebevollen Worten sanft zu überströmen.

[. . .] sein schwarzer Backenbart krauste sich wie der eines zornigen Katers, seine blauen Augen funkelten im Unmut. [. . .] Man konnte feststellen, daß seine keineswegs kleine Nase nicht eben wohlgeformt war, daß seine Wangen hager waren und seine Stirn eigenwillig und kantig und daß sein Mund keiner Rosenknospe glich. Aber das alles war belanglos. Man nahm ihn hin, wie er war, und empfand seine Gegenwart stark und belebend.« *»Villette«, 10. und 29. Kapitel.*

Madame Heger als alte Dame.

»Abends, nachdem sie den ganzen Tag damit zugebracht hatte, Ränke und Gegenränke zu spinnen, zu spionieren und die Berichte ihrer Spione zu empfangen, abends kam sie oft in mein Zimmer herauf, eine Spur echten Überdrusses auf der Stirn. Dann pflegte sie sich hinzusetzen und zu lauschen, während ihre Kinder mir auf englisch ihre kleinen Gebete vorsprachen. [. . .] Oft zeigte sie sehr viel gesunden Menschenverstand; oft brachte sie höchst vernünftige Ansichten vor. Sie schien zu wissen, daß es, um Mädchen zu rechtschaffenen und ehrbaren Frauen aufzuziehen, nicht die beste Methode war, wenn man sie in mißtrauischer Abgeschlossenheit hielt, in blinder Unwissenheit und unter einer Aufsicht, die ihnen keinen Augenblick und keinen Winkel der Zurückgezogenheit ließ. [. . .] Und nachdem sie mir so – oft mit Würde und Zartgefühl – einen Vortrag gehalten hatte, schlich sie sich dann in ihren ›souliers de silence‹ davon und glitt geistergleich durchs Haus, überall spionierend, durch jedes Schlüsselloch spähend, lauschend hinter jeder Tür.«
»Villette«, 8. Kapitel.

Charlotte (Marie-France Pisier, links) und Emily (Isabelle Adjani). Foto aus dem Film von André Téchiné »Die Schwestern Brontë«, 1978.

»Ich leugne nicht, daß ich manchmal wünsche, in England zu sein oder daß mich kurzzeitig Heimweh überfällt; doch, alles in allem, habe ich bis jetzt ein sehr tapferes Herz gezeigt; und ich bin in Brüssel glücklich gewesen, denn ich wurde immer zur Gänze von den Beschäftigungen in Anspruch genommen, die ich mag. Emily macht rasche Fortschritte im Französischen, Deutschen, in der Musik und im Zeichnen. Monsieur und Madame Heger beginnen unter ihren Besonderheiten die wertvollen Seiten ihres Charakters anzuerkennen.

Würde man den Nationalcharakter der Belgier am Charakter der meisten Mädchen in dieser Schule messen, würde er sich als außerordentlich kalt, selbstsüchtig, sinnlich und minderwertig darstellen. Sie sind sehr rebellisch und für die Lehrer ist es schwierig, mit ihnen zurechtzukommen; und ihre moralischen Grundsätze sind durch und durch verderbt.« *Charlotte an Ellen Nussey, 1842.*

Bleistiftzeichnung von Charlotte, die höchstwahrscheinlich William Weightman zeigt. Der Kurat starb am 6. September 1842 an der Cholera. Anne, die in der Nähe von York als Gouvernante diente, kam nicht zu seiner Beerdigung. Sie betrauerte ihn noch viele Jahre.

»Im kalten Grabe liegt seit Jahren
Die Gestalt, die ich glücklich war zu seh'n,
Und nur die Träume können mir zurückbringen
Den Liebling meines Herzens.«
Anne: »Night«.

Ausschnitt aus einer Zeichnung von Branwell, die vermutlich die Tante Elizabeth Branwell auf dem Totenbett darstellt. Elizabeth Branwell starb am 29. Oktober 1842. Charlotte und Emily reisten sofort zurück nach Haworth, trafen aber erst nach ihrem Begräbnis ein.

»Ich fürchte, ich rede etwas wirr, aber ich habe zwei Nächte hindurch gewacht und bin Zeuge eines so qualvollen Leidens gewesen, wie ich es selbst meinem schlimmsten Feind nicht wünsche; und nun habe ich die Führerin und Leiterin all der glücklichen Tage verloren, die mit meiner Kindheit verbunden sind.« *Branwell an seinen Freund F. H. Grundy, 29. Oktober 1842.*

Das Pensionat Heger von der Gartenseite. Nach dem Tod der Tante blieb Emily in Haworth, Charlotte kehrte als Englischlehrerin nach Brüssel zurück. Die Sommerferien verbrachte sie allein in der leeren Schule.

»Mir drückte es fast das Herz ab. Eine jämmerliche Sehnsucht zerriß mich. Wie lang waren die Septembertage! Wie still, wie leblos! Wie riesig schien das einsame Haus, wie düster der verlassene Garten, grau nun vom Staub eines verblichenen Stadtsommers! Wenn ich am Beginn dieser acht Wochen vorwärtsschaute, dann begriff ich kaum, wie ich sie bis zum Ende überstehen sollte. Mein Lebensmut war seit langem immer mehr gesunken. Nun, da ihm die Stütze der Beschäftigung weggezogen worden war, fiel er rasch in sich zusammen. Und selbst wenn ich weiterblickte, half mir das nicht hoffen. Die Zukunft blieb stumm. Sie sprach mir keinen Trost zu, bot kein Versprechen, spornte mich nicht an, die schwere Gegenwart im Vertrauen auf künftige Besserung zu ertragen.«
»Villette«, 15. Kapitel.

Kanzel der Kirche St. Gudula, Brüssel, in der die Protestantin Charlotte am 1. September 1843 beichtete.

»Ich befand mich gegenüber von St. Gudula, und die Glocke, deren Klang du kennst, läutete zur Abendandacht. [...] Ich fand plötzlich Gefallen daran, mich in eine Katholikin zu verwandeln, hinzugehen und eine richtige Beichte abzulegen, um zu sehen, was es damit auf sich hat. So, wie Du mich kennst, wirst Du das verrückt finden, doch wenn Menschen allein sind, haben sie eigentümliche Einfälle. [...] Ich begann damit, daß ich sagte, ich sei fremd hier und protestantisch erzogen worden. Der Priester fragte, ob ich immer noch Protestantin sei. Aus irgendeinem Grund konnte ich nicht lügen und sagte: ›Ja.‹ [...] und schließlich sagte er, er wolle es erlauben, weil es der erste Schritt zur Rückkehr zur wahren Kirche sein könnte. Ich beichtete wirklich, es war eine ehrliche Beichte. Gleichwohl, natürlich endet das Abenteuer hier und ich hoffe, den Priester nie wieder zu sehen. Ich denke, Papa erzählst Du besser nichts davon.« *Charlotte an Emily, 2. September 1843.*

Constantin Heger. Gemälde von Joseph Gerard. Am 31. 1. 1844 verließ Charlotte Brüssel. Ihre Briefe an den geliebten »maître« blieben unbeantwortet.

»Tag und Nacht finde ich weder Ruhe noch Frieden. Im Schlaf werde ich von quälenden Träumen heimgesucht, in denen ich Sie erblicke, immer ernst, immer würdevoll, immer über mich erzürnt.

Vergeben Sie mir, Monsieur, wenn ich den Weg wähle, Ihnen wieder zu schreiben. Wie kann ich das Leben ertragen, wenn ich keinen Versuch mache, seine Leiden zu lindern.

Ich weiß, daß Sie verärgert sein werden, wenn Sie diesen Brief lesen. Sie werden aufs Neue sagen, daß ich neurotisch sei, daß ich schwarze Gedanken hätte etc. Sei's drum, Monsieur; ich versuche nicht, mich zu rechtfertigen; ich unterwerfe mich jeder Art von Tadel. Alles, was ich weiß, ist, daß ich mich weder damit abfinden kann noch will, die Freundschaft meines Meisters ganz zu verlieren. Lieber möchte ich die größten körperlichen Schmerzen erdulden, als mein Herz durch den bitteren Schmerz einer Zurückweisung zerrissen sehen.«

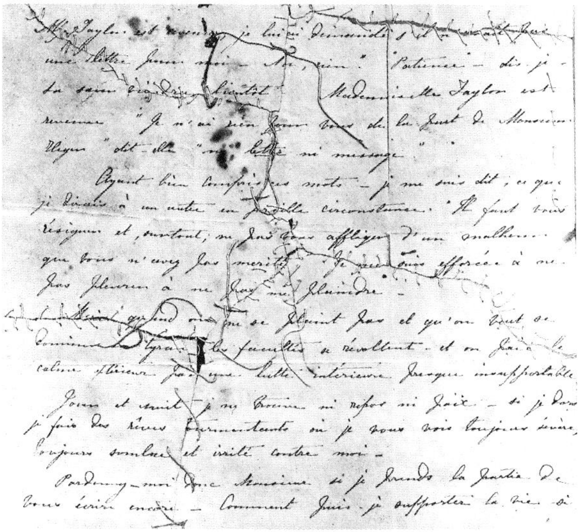
Mr Taylor est revenu je lui ai demandé s'il n'avait pas une lettre pour moi – Non, rien. "Patience" – dis-je – "sa sœur viendra bientôt" Mademoiselle Taylor est revenue "Je n'ai rien pour vous de la part de Monsieur Heger" dit-elle "ni lettre ni message."

Ayant bien compris ces mots – je me suis dit, ce que je dirais à un autre en pareille circonstance: "Il faut vous résigner et, surtout, ne pas vous affliger d'un malheur que vous n'avez pas mérité" Je me suis efforcée à ne pas pleurer à ne pas me plaindre –

Mais quand on ne se plaint pas et qu'on veut se dominer en tyran – les facultés se révoltent – et on paie le calme extérieur par une lutte intérieure presque insupportable.

Jour et nuit je ne trouve ni repos ni paix – si je dors je fais des rêves tourmentants où je vous vois toujours sévère, toujours sombre et irrité contre moi –

Pardonnez-moi donc Monsieur si je prends la partie de vous écrire encore – Comment puis-je supporter la vie si

Teil des letzten Briefes Charlottes an Constantin Heger. Madame Heger fand ihn zerrissen im Papierkorb und nähte die Teile wieder zusammen.

»Wenn mein Meister mir seine Freundschaft gänzlich entzieht, werde ich von jeglicher Hoffnung entblößt sein; sollte er mir ein wenig – nur ein klein wenig – Hoffnung geben – werde ich zufrieden – glücklich sein; ich werde eine Rechtfertigung haben, weiterzuleben und zu arbeiten. Monsieur, es ist nicht viel, dessen die Armen bedürfen, um sich zu ernähren – sie bitten nur um Brosamen, die von des Reichen Tafel fallen. Doch wenn man ihnen diese verweigert, sterben sie Hungers. Auch ich brauche nicht viel Zuneigung von denen, die ich liebe. Ich wüßte nicht, was ich mit einer Freundschaft beginnen sollte, die mir ganz und gar entgegengebracht wird – ich bin nicht daran gewöhnt. Aber Sie bezeigten vorzeiten ein *kleines* Interesse an mir, als ich in Brüssel Ihre Schülerin war, und an das Fortdauern dieses kleinen Interesses klammere ich mich – ich halte daran fest wie an meinem Leben.« *Charlotte an C. Heger, 8. Januar 1845.*

Enttäuschungen

Charlotte hatte den Plan einer eigenen Schule nicht aufgegeben. Sie ließ Prospekte drucken und verschickte sie an befreundete Familien, aber keine einzige Schülerin meldete sich. Emily war's zufrieden. Sie schrieb Gedichte und war glücklich zu Hause. Für Charlotte war jeder neue Tag eine Enttäuschung. Monsieur Heger antwortete nicht mehr auf ihre Briefe.

Im Juli 1845 wurde Branwell von Mr. Robinson fristlos entlassen, wegen eines Betragens, »so schlecht, daß es sich nicht in Worten ausdrücken läßt«. Seinen Schwestern erzählte er, daß er sich in die Dame des Hauses verliebt hätte, und daß diese seine Liebe erwidere. Es ist nicht erwiesen, ob Lydia Robinson jemals etwas mit dem Hauslehrer ihres Sohnes verbunden hat. Das gute Einvernehmen, in dem sie mit ihrem Mann weiterlebte, spricht dagegen. Branwell jedenfalls erzählte von seiner Liebe zu einer reinen und geknechteten Seele und von der Unmöglichkeit eines glücklichen Endes, da Mr. Robinson verfügt hätte, seine Frau zu enterben, falls sie nach seinem Tod eine neue Ehe einginge. Die Schwestern, vertraut mit der Arroganz adeliger Familien ihren Hauslehrern gegenüber, glaubten ihm.

Branwell ordnete seine Angria-Manuskripte und begann einen Roman zu schreiben, den er nie beendete. Er unternahm keine weiteren Versuche, eine Stelle zu finden, trank und machte Schulden. Für Charlotte war er nicht mehr der Obergenius Brannii, mit dem sie ihre Gedankenspiele teilte, sondern ein Versager, den sie mit Schweigen strafte.

1848 verheiratete sich Lydia Robinson zum zweiten Mal, ohne enterbt worden zu sein, und der arme Branwell verstrickte sich immer tiefer in seine aus Wahn und Wunsch genährten Phantasien. Elizabeth Gaskell, die in ihrer Biographie Mrs. Robinson die »Geliebte« Branwells genannt hatte, wurde durch deren Anwälte mit einer Verleumdungsklage bedroht und mußte in der »Times« öffentlich Abbitte leisten.

Pfarrhaus und Friedhof zur Zeit der Brontës.

»Ich vermag Dir kaum zu beschreiben, wie langsam hier in Haworth die Zeit vergeht. Es gibt nicht das geringste Ereignis, das den Ablauf unterbricht – ein Tag gleicht dem anderen – und alle haben stumpfsinnige, leblose Gesichter – Sonntag, Samstag und der Backtag, sind die einzigen, die sich um einen Hauch von den anderen unterscheiden – dazwischen schleppt die Zeit sich dahin – bald werde ich 30 sein – und ich habe noch nichts geleistet – manchmal werde ich schwermütig – angesichts dessen, was hinter und was vor mir liegt – [. . .] Es gab eine Zeit, als Haworth mir als ein sehr angenehmer Ort vorkam, jetzt ist es nicht mehr so. Ich habe das Gefühl, als seien wir alle hier begraben – Ich habe Verlangen danach zu reisen, zu arbeiten, ein tätiges Leben zu führen.«
Charlotte an Ellen Nussey, 24. März 1845.

The Misses Bronte's Establishment

FOR

THE BOARD AND EDUCATION

OF A LIMITED NUMBER OF

YOUNG LADIES,

THE PARSONAGE, HAWORTH,

NEAR BRADFORD.

Terms.

	£.	s.	d.
Board and Education, including Writing, Arithmetic, History, Grammar, Geography, and Needle Work, per Annum, ...	35	0	0
French, .. German, .. Latin .. } .. .. each per Quarter, ...	1	1	0
Music, .. Drawing, .. } .. .. each per Quarter, ...	1	1	0
Use of Piano Forte, per Quarter, ...	0	5	0
Washing, per Quarter, ...	0	15	0

Each Young Lady to be provided with One Pair of Sheets, Pillow Cases, Four Towels, a Dessert and Tea-spoon.

A Quarter's Notice, or a Quarter's Board, is required previous to the Removal of a Pupil.

Der Prospekt für die geplante Schule der Brontë-Schwestern, dessen Aussendung keine einzige Anmeldung eines Schülers zur Folge hatte.

Faksimile der Geburtstagsnotiz von Emily an Anne vom 30. Juli 1845.

»Mein Geburtstag – regnerisch, windig, kühl. Heute bin ich 27 Jahre alt geworden. Heute morgen haben Anne und ich die Aufzeichnungen geöffnet, die wir vor vier Jahren, an meinem 23. Geburtstag, gemacht haben. [. . .]

Anne und ich machten zusammen unsere erste selbständige lange Reise, brachen am Montag, dem 30. Juni, von zu Hause auf, schliefen in York, kehrten Dienstagabend nach Keighley zurück, schliefen dort und gingen am Mittwochmorgen nach Hause zurück. Obgleich das Wetter unbeständig war, hatten wir sehr viel Spaß miteinander, ein paar Stunden in Bradford ausgenommen. Im Laufe unseres Ausflugs waren wir Ronald Macalgin, Henry Angora, Juliet Augusteena, Rosabella Esmaldan, Ella und Julian Egremont, Catharine Navarre und Cordelia Fitzaphnold, die aus dem Palast der Weisung entfliehen, um sich den Königlichen anzuschließen, die von den siegreichen Republikanern gerade hart bedrängt werden. Die Gondals sind wie eh und je noch auf dem Höhepunkt ihres Ruhms. Im Augenblick schreibe ich an einem Werk über den Ersten Krieg. Anne hat ein paar Artikel darüber und ein Buch von Henry Sophona geschrieben. Wir haben vor, so lange an den Schurken festzuhalten, wie sie uns Spaß machen, was sie zum Glück im Augenblick gerade tun. Ich sollte erwähnen, daß im letzten Sommer der Plan mit der Schule wieder mit großem Nachdruck vorangetrieben wurde. Wir hatten gedruckte Prospekte, schickten Briefe an alle Bekannten, teilten unsere Pläne mit und taten, was wir konnten, doch die Sache nahm keinen Fortgang. Jetzt habe ich überhaupt kein Verlangen nach einer Schule, und keine von uns verspürt große Sehnsucht danach. Wir haben Geld genug für unsere augenblicklichen Bedürfnisse und die Aussicht auf weiteren Verdienst. Wir sind alle ziemlich gesund, nur Papa hat ein Augenleiden; B. ist ausgenommen, dem es, wie ich hoffe, bald besser gehen und der danach mehr Erfolg haben wird. Mit mir selbst bin ich ganz zufrieden: Ich bin nicht mehr so träge wie früher, im ganzen genommen tüchtig, habe gelernt, das Beste aus der Gegenwart zu machen, und sehne mich nach der Zukunft mit der Unruhe, daß ich nicht alles tun kann, was ich will; selten oder nie plagt mich Langeweile; ich wünsche bloß, jedermann wäre so zufrieden und unverzagt wie ich, dann hätten wir ein sehr angenehmes Leben . . .

Tabby, die zur Zeit unserer letzten Aufzeichnungen gegangen war, ist zurückgekommen, hat zweieinhalb Jahre bei uns gelebt und ist bei guter Gesundheit. Martha, die ebenfalls weggegangen war, ist auch hier. Wir haben Flossy bekommen; Tiger bekommen und verloren; den Falken Hero haben wir verloren, der mit den Gänsen fortgegeben wurde und zweifellos tot ist, denn nach meiner Rückkehr aus Brüssel habe ich jedermann befragt, ohne etwas über ihn in Erfahrung bringen zu können. Tiger ist zu Beginn des letzten Jahres gestorben. Keeper und Flossy sind wohlauf, auch der Kanarienvogel, den wir vor vier Jahren angeschafft haben. Wir sind nun alle zu Hause und werden wahrscheinlich einige Zeit hierbleiben. Tabby hat mich gerade wie früher geneckt und gesagt, ich solle lieber Kartoffeln pellen. Wäre schönes Wetter und Sonnenschein gewesen, hätten Anne und ich die schwarzen Johannisbeeren gepflückt. Jetzt muß ich mich beeilen und die Wäsche zusammenlegen und bügeln. Ich habe eine Menge zu arbeiten und zu schreiben und den Kopf voller Geschäfte. Mit den besten Wünschen für das ganze Haus bis zum 30. Juli 1848 und vielleicht für viel länger – schließe ich.«

Das Eßzimmer im Pfarrhaus, wie es heute zu besichtigen ist. In diesem Raum haben die drei Schwestern geschrieben, einander vorgelesen und ihre abendlichen »Wanderungen« unternommen. Arm in Arm gingen sie stundenlang auf und ab, besprachen die Geschehnisse des Tages, machten Pläne für ihre literarische Arbeit und für die Zukunft.

»Donnerstag, 31. Juli 1845. Gestern war Emilys Geburtstag und der Tag, an dem wir unsere Aufzeichnungen aus dem Jahr 1841 hätten öffnen sollen, aber durch ein Versehen haben wir das erst heute getan. Seitdem hat sich viel ereignet – einige erfreuliche und einige weniger erfreuliche Dinge. Damals war ich noch in Thorp Green und jetzt bin ich gerade erst von dort entkommen. Damals wünschte ich mich von dort weg und hätte ich gewußt, daß ich noch vier weitere Jahre würde dortbleiben müssen, wie unglücklich wäre ich gewesen; während meines dortigen Aufenthalts habe ich einige sehr unangenehme Erfahrungen mit der menschlichen Natur gemacht, die ich mir nicht hätte träumen lassen ... Branwell hat Luddenden Foot verlassen, war Hauslehrer in Thorp Green und hatte mit vielen Widerwärtigkeiten und schlechter Gesundheit zu kämpfen. Er war am Donnerstag sehr krank, doch er ist mit John

Brown nach Liverpool gegangen, wo er sich, wie ich vermute, jetzt aufhält; und wir hoffen, daß er gesund wird und in Zukunft mehr Erfolg hat. Dies ist ein trostloser, wolkenverhangener, nasser Abend. [. . .] Ich bin im Eßzimmer und sitze im Schaukelstuhl vor dem Feuer, mit den Füßen auf dem Kaminvorsatz. Papa ist im Salon. Tabby und Martha sind, glaube ich, in der Küche. Keeper und Flossy sind, ich weiß nicht wo. Little Dick hüpft in seinem Käfig umher. [. . .] Emily ist damit beschäftigt, das Leben des Kaisers Julius aufzuschreiben. Sie hat einiges davon vorgelesen und ich bin sehr begierig, das übrige zu hören. Sie schreibt auch Gedichte. Ich möchte wissen, wovon sie handeln. Ich habe den dritten Band der *Passages in the Life of an Individual* angefangen. Ich wünschte, ich wäre damit fertig. E. und ich haben eine Menge Arbeit zu tun. Wann werden wir sie spürbar verringern? Ich will mir angewöhnen, früh aufzustehen. Wird es mir gelingen? Wir haben unsere *Gondal Chronicles*, die wir vor dreieinhalb Jahren angefangen haben, noch immer nicht beendet. Wann werden sie abgeschlossen sein? Die Gondals sind zur Zeit in einer traurigen Lage. Die Republikaner sind ganz oben, doch die Königlichen sind nicht ganz besiegt. Die jungen Monarchen sind mit ihren Brüdern und Schwestern noch im Palast der Weisung. Die Einzigartige Gesellschaft hat vor etwa einem halben Jahr auf einer verlassenen Insel Schiffbruch erlitten, als sie von Gaul zurückkehrten. Sie sind noch immer dort, doch wir haben nicht viel mit ihnen gespielt. Die Gondals sind sowieso nicht in einem Zustand, in dem sich gut mit ihnen spielen ließe.« *Annes Geburtstagsnotiz.*

Charlottes Aquarell von Flossy.

»Flossy – großer, seidenhaariger, schwarzweißer Flossy – war Anne's Liebling.« *Ellen Nussey, »Reminiscences of Charlotte Brontë«.*

Emilys Aquarell von Keeper (24. April 1838). Es wird berichtet, daß er nach ihrem Tod dem Sarg folgte und nächtelang auf dem Grab oder vor ihrer Zimmertür heulte.

»Manchmal hatte Emily ihren Spaß daran, Keeper vorzuführen – sie versetzte ihn in eine derartige Raserei, daß er wie ein Löwe brüllte. Ein aufregendes Schauspiel in einem schlichten Wohnzimmer.« *Ellen Nussey.*

Branwells Zeichnung von Thorp Green Hall, dem Wohnsitz der Familie Robinson bei York. Von 1841 bis 1845 lebte Anne auf Thorp Green als Gouvernante der Robinson-Töchter, Branwell folgte ihr 1843 als Hauslehrer für Edmund Robinson. Am 17. Juli 1845 wurde er nach einigen Tagen, die er mit seinem Schützling allein verbracht hatte, fristlos entlassen.

»Meine Hoffnungen in bezug auf Branwell schwinden immer mehr. Manchmal fürchte ich, daß er nie zu etwas nütze sein wird. Seine schlechten Angewohnheiten scheinen tiefer eingewurzelt, als ich dachte. Der letzte Schlag gegen seine Aussichten und Gefühle hat ihn ganz leichtsinnig gemacht. Es ist nur der völlige Mangel an Geldmitteln, der ihm einen Dämpfer aufsetzt. Indesssen darf man die Hoffnung nicht aufgeben; ich versuche mein Bestes, doch zuweilen, wie in diesem Fall, kommt einem Hoffnung wie ein Selbstbetrug vor . . .« *Charlotte an Ellen Nussey, 1845.*

Branwell Brontë. Holzschnitt von Joan Hassall.

»Branwell erklärt, daß er für sich selbst weder etwas tun kann noch will; mehr als einmal sind ihm gute Stellungen angeboten worden, für die er sich durch vierzehntägiges Büffeln hätte als geeignet erweisen können, aber er will nichts tun, außer trinken und uns alle unglücklich machen.«
Charlotte an Ellen Nussey, 1846.

Die Schriftstellerinnen

Im Herbst 1845 entdeckte Charlotte die Gedichte Emilys, und auch Anne hatte, wie Charlotte selbst, in aller Stille Verse geschrieben. Nachdem die Älteste ihre Schwestern überzeugt hatte, daß die Gedichte es verdienten, veröffentlicht zu werden, wurde der Verlag Aylott und Jones beauftragt, sie auf Kosten der Autorinnen, die die männlich klingenden Pseudonyme Currer, Ellis und Acton Bell gewählt hatten, zu drucken. Von dem schmalen Band wurden ganze zwei Exemplare verkauft, »oh shame« (Arno Schmidt). – Die Zeitschrift »Athanaeum« schrieb über Acton Bells Gedichte, daß man »gerührte Nachsicht« aufbringen müsse, um sie »zum Klingen zu bringen«; Ellis Verse sprächen von »einer Höhe der Inspiration, die in der Welt wohl ein Publikum finden könnte«, während die Muse Currer Bells »auf halbem Wege zwischen der Ebene Actons und der Höhe, die Ellis erreicht, wandelt.«

Inzwischen hatte jede einen Roman vollendet, Emily »Wuthering Heights«, Anne »Agnes Grey« und Charlotte »The Professor«. Die Manuskripte wurden nacheinander an neun Verlage geschickt, kamen zurück, das Packpapier wurde umgedreht und neu adressiert. Schließlich sagte Thomas C. Newby zu, »Wuthering Heights« und »Agnes Grey« zu veröffentlichen. Mit der letzten Ablehnung des »Professors« erhielt Charlotte vom Verlag Smith & Elder einen ermutigenden Brief, und sie bot ihm »Jane Eyre« an. Der Roman wurde sofort ein großer Erfolg. Literarische Kreise begannen zu rätseln, wer Currer Bell sein möge.

Emilys Buch erregte ebenfalls großes Aufsehen, allerdings waren die Kritiken eher vernichtend. In einer Zeit, in der die literarischen Qualitäten eines Werks an den Manieren der Hauptfiguren gemessen wurden, hatten stürmische Charaktere wie Cathy und Heathcliff nur eine schmale Chance, ihre Wahrheit und Menschlichkeit zu vermitteln. Annes eher milde und melancholische »Agnes Grey« wurde nur beachtet, weil ebenfalls von einem Bell geschrieben, und erst ihr zweiter, schonungsloser Roman »The Tenant of Wildfell Hall« weckte ähnliches Entsetzen wie »Wuthering Heights« – was Anne nicht beabsichtigt hatte.

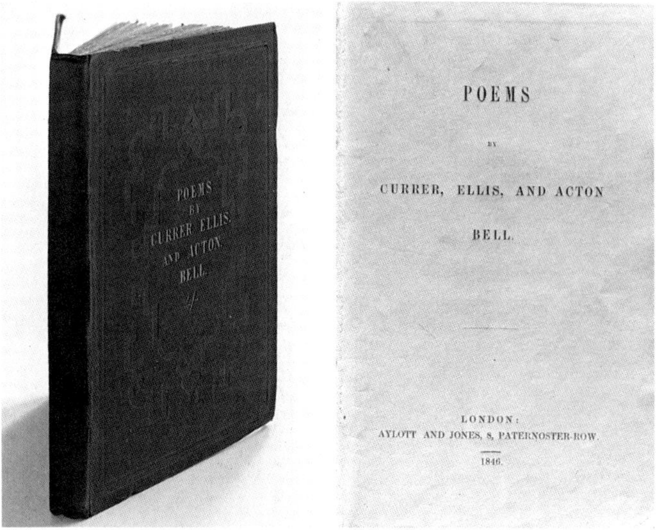

Erstausgabe der »Poems«. London: Aylott and Jones 1846. Einunddreißig Pfund und zehn Schilling zahlten die Schwestern für den Druck ihrer Gedichte.

»An einem Tag im Herbst des Jahres 1845 fiel mir zufällig ein Manuskript in die Hände, das Gedichte in der Handschrift meiner Schwester Emily enthielt. Bei der Durchsicht war ich mehr als überrascht – ich war vielmehr zutiefst überzeugt, daß es sich bei ihren Gedichten weder um landläufige lyrische Ergüsse handelte, geschweige denn um Lyrik, wie sie Frauen im allgemeinen schreiben. [...] Ich brauchte Stunden, um sie damit zu versöhnen, daß ich ihr Geheimnis entdeckt hatte, und Tage, um sie davon zu überzeugen, daß solche Gedichte es verdienten, veröffentlicht zu werden. Meine jüngere Schwester hatte in aller Stille auch einige Gedichte verfaßt [...] ich fand, daß auch ihre Verse ein eigenes liebliches und unverfälschtes Pathos besaßen. Wir hatten sehr früh den Traum gehegt, eines Tages Schriftstellerinnen zu werden. Dieser Traum [...] bekam den Charakter einer Entscheidung.« *Charlotte im Vorwort der Neuausgabe von »Wuthering Heights« und »Agnes Grey«, 1850.*

»Feige ist meine Seele nicht,
Sie zittert nicht in sturmgepeitschten Erdentagen.
Vom Himmel seh' ich leuchten ein strahlend Licht,
Gleich dem Glauben, mich wappnend gegen Verzagen.«

Emily Brontë, 23. Januar 1846

Leben

»Das Leben, glaub es, ist kein Traum
Und dunkel, wie der Weise meint;
Oft verkündet ein Morgenregen,
Daß bald die Sonne scheint.
Manchmal drohn Wolken in dunklem Glühn,
Doch sie sind flüchtig am Himmelszelt;
Bringt der Regen die Rosen zum Blühn,
Warum klagen, daß er fällt?
Rasch und fröhlich fliegen dahin
Sonnige Lebensstunden genug,
Dankbar und mit heiterem Sinn
Genieße sie im Flug!

Was aber, wenn der Tod erscheint
Und rafft unser Liebstes dahin?
Was, wenn das Leid zu siegen meint
Und die Hoffnung scheint uns zu fliehn?
Doch sie schwingt sich wieder hoch,
Unbesiegt, wenn sie auch fiel,
Ihre goldenen Flügel tragen noch
Und bringen uns sicher ans Ziel.
Männlich und mit furchtlosem Blut
Erwarte den Tag des Gerichts,
Denn gegen ruhmreichen, siegenden Mut
Vermag die Verzweiflung nichts.«

Charlotte Brontë, 26. März 1839

Erinnerung

Ach, du bist fort! Nie wieder schenkt
Dein strahlendes Lächeln Freude mir.
Die Kirche betret' ich, den Blick gesenkt
Auf den deckenden Boden über dir.

Darf auf eisigem Steine stillestehen
Und denken: Darunter, in Kälte gebannt,
Ruht das reinste Geschöpf, das ich je gesehen,
Das liebreichste Herz, das je ich gekannt.

Selbst wenn meine Augen dich nicht mehr finden,
Ist es doch ein Trost, daß sie dich erlebt;
Und obwohl dein flücht'ges Leben mußt' schwinden,
Ist der Gedanke süß, daß du gelebt;

Zu denken, eine Seele so göttergleich
In einer so engelschönen Gestalt,
Verbunden mit deinem Herzen so weich
Gab uns im irdischen Dasein Halt.

Anne Brontë, April 1844

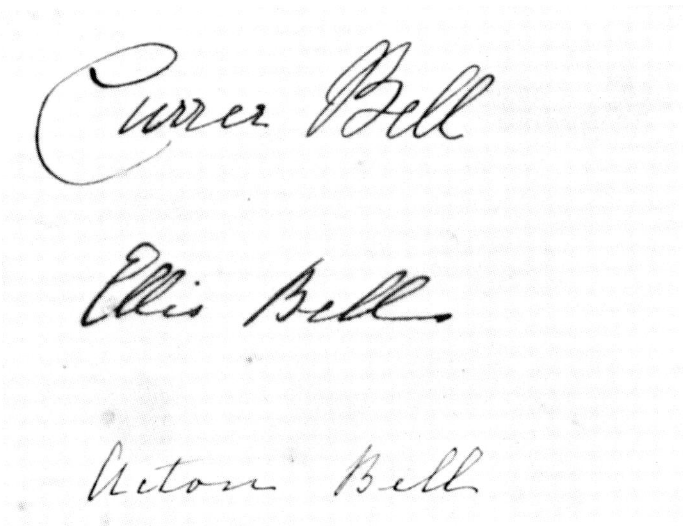

Unterschriften von Currer (Charlotte), Ellis (Emily) und Acton (Anne) Bell.

»Da wir unsere Identität nicht öffentlich preisgeben wollten, verbargen wir unsere Namen unter denen von Currer, Ellis und Acton Bell; die doppeldeutige Wahl wurde durch eine Art von Gewissensskrupel bestimmt, Vornamen anzunehmen, die eindeutig männlich waren, weil – ohne, daß wir es damals ahnten, unsere Art zu schreiben und zu denken nicht die war, die man ›feminin‹ nennt – und wir eine schwache Ahnung hatten, daß man bei Autorinnen dazu neigt, ihnen mit Vorurteilen zu begegnen.« *Charlotte im Vorwort der Neuausgabe von »Wuthering Heights« und »Agnes Grey«, 1850.*

Alfred Lord Tennyson (1809-1892), war hoch geehrter Dichter des Viktorianismus (»Idylls of the King«), 1850 Erhebung zum Poet laureate. Porträt von Samuel Lawrence, um 1840.

»Sir,

meine Verwandten Ellis und Acton Bell und ich haben, ungeachtet der wiederholten Warnungen angesehener Verleger, den unbesonnenen Akt begangen, einen Versband drucken zu lassen.

Die vorausgesagten Folgen haben uns natürlich überrascht: unser Buch erweist sich als ein Ladenhüter; kein Mensch braucht oder beachtet es. Im Zeitraum von einem Jahr hat unser Verleger lediglich zwei Exemplare abgesetzt und durch welch mühsame Anstrengungen es ihm gelang, sich ihrer zu entledigen, weiß nur er selbst.

Bevor wir die Ausgabe dem Trödler überlassen, haben wir uns entschlossen, einige der unverkäuflichen Exemplare als Geschenke zu ver-

William Wordsworth (1770-1850). Seine Gedichte und philosophischen Abhandlungen beeindruckten Patrick Brontë ebenso wie seine vier Kinder. Porträt von Hayden.

teilen; wir erlauben uns, Ihnen eines davon zu übersenden als Dank für das Vergnügen und den Gewinn, den wir oft und über lange Zeit aus Ihren Werken geschöpft haben. – Ich bin, Sir, ganz ergeben C. B.« *Charlottes gleichlautende Briefe an Tennyson, Wordsworth, Lockhart und de Quincey.*

W. S. Williams, Lektor des Verlags Smith and Elder.

»Das Paket enthielt das Manuskript ›The Professor‹ von ›Currer Bell‹, das erst nach ihrem Tod veröffentlicht wurde. Mr. Williams, der Lektor des Verlags, las es und sagte, es verriete große literarische Kraft, aber er habe Zweifel hinsichtlich des Erfolgs einer Veröffentlichung. Wir beschlossen, er solle ›Currer Bell‹ einen Brief schreiben, in dem er mit verständnisvoller Kritik dieses Werk ablehnte, doch seiner Meinung Ausdruck geben sollte, daß er ein Buch, welches den Erfolg garantiere, verlegen würde.« *George M. Smith, Verleger, »In the Early Forties«.*

»Currer Bell« antwortete auf diesen Brief, daß er kurz vor Beendigung eines anderen Buches stünde. Das zweite Manuskript war »Jane Eyre«. Williams prüfte es, empfahl es Smith, der das Manuskript in einem Zuge durchlas und es sofort zur Veröffentlichung annahm.

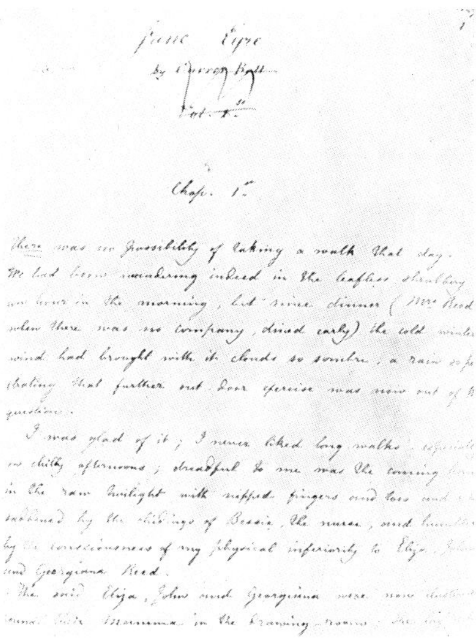

Jane Eyre
by Currer Bell
Vol. 1st

Chap. 1st

There was no possibility of taking a walk that day. We had been wandering indeed in the leafless shrubbery an hour in the morning, but since dinner (Mrs Reed when there was no company, dined early) the cold winter wind had brought with it clouds so sombre, a rain so penetrating that further out-door exercise was now out of the question.

I was glad of it; I never liked long walks, especially on chilly afternoons; dreadful to me was the coming home in the raw twilight with nipped fingers and toes and a heart saddened by the chidings of Bessie, the nurse, and humbled by the consciousness of my physical inferiority to Eliza, John and Georgiana Reed.

The said Eliza, John and Georgiana were now clustered round their Mamma in the drawing-room.

Erstes Kapitel von »Jane Eyre«. Charlottes Manuskript.

»Es war unmöglich, spazierenzugehen an diesem Tag. Wir waren zwar am Morgen eine Stunde lang in den entlaubten Gebüschen umhergestreift; aber seit dem Mittagessen (und Mrs. Reed speiste früh, wenn keine andere Gesellschaft da war) hatte der kalte Winterwind dunkle Wolken und durchdringenden Regen mit sich gebracht, so daß weiteres außerhäusliches Treiben außer Frage stand.

Ich war froh darüber; ich liebte lange Wanderungen nie, besonders nicht an frostigen Nachmittagen; furchtbar war mir die Heimkehr im unfreundlichen Zwielicht, mit klammen Fingern und Zehen, mit traurigem Herzen, weil Bessie, die Kinderfrau, mich immerzu schalt, und gedemütigt von dem Gefühl, wie häßlich und armselig ich neben Eliza, John und Georgina Reed aussah.

Eliza, John und Georgina drängten sich nun im Wohnzimmer um ihre Mama.«

Jane Eyres erste Begegnung mit Mr. Rochester. Illustration von Thomas Davidson.

»Roß und Reiter wälzten sich am Boden; das Pferd war auf einer vereisten Stelle ausgeglitten. Der Hund kam in großen Sätzen zurückgerannt und bellte wie außer sich; dann beschnupperte er den Gestürzten und kam schließlich zu mir gelaufen; es blieb ihm nichts anderes übrig, andere Hilfe war nicht zur Hand. Ich folgte ihm zu dem Reiter, der sich von seinem Roß freizumachen suchte. Seine Bewegungen waren so kraftvoll, daß ich dachte, er könne nicht viel Schaden genommen haben. Trotzdem fragte ich: ›Sind Sie verletzt, Sir?‹ Er fluchte nur.

... Noch war das Tageslicht nicht ganz erloschen und der Mond schien hell, so daß ich ihn deutlich sehen konnte. Ein Reitmantel mit Pelzkragen und Stahlschnallen umhüllte die mittelgroße, breitschultrige Gestalt. Das sonnenverbrannte Gesicht hatte scharfgeschnittene Züge, und unter den gerunzelten Brauen funkelten die Augen jetzt eben vor Zorn; er mochte etwa fünfunddreißig Jahre zählen.« *»Jane Eyre«, 12. Kapitel.*

Mr. Rochester liebt Jane und will sie heiraten. Jane ist glücklich, aber peinlich berührt, als er sie mit Kleidern und Schmuck ausstaffieren will. Foto aus dem Film »Jane Eyre«, 1934, Regie: Ch. Cabanne.

»Mit unendlicher Mühe, denn er war hartnäckig wie ein Pflasterstein, überredete ich ihn zu einem einfachen schwarzen Atlaskleid und einem aus perlgrauer Seide. Ich war froh, als ich ihn aus dem Laden herausbrachte, und ebenso erging es mir beim Juwelier: Je mehr er mir kaufte, desto mehr brannten mir die Wangen vor Unwillen und Scham.«
»Jane Eyre«, 24. Kapitel.

Bei der Hochzeit von Jane und Rochester kommt es zum Skandal. Ein Kirchenbesucher erhebt Einspruch gegen die Eheschließung. Foto aus dem Film »Die Waise von Lowood« mit Joan Fontaine und Orson Welles, 1944. Regie: R. Stevenson.

»Mr. Rochester zuckte zusammen, als habe die Erde unter seinen Füßen gebebt, dann sagte er, ohne den Kopf zu wenden: ›Fahren Sie fort, Hochwürden.‹

Das tiefe Schweigen, das seinen Worten folgte, wurde durch den Geistlichen gebrochen. ›Ich kann nicht fortfahren, ehe festgestellt ist, ob der Einspruch zu Recht oder Unrecht besteht.‹

›Die Trauung muß abgebrochen werden‹, sagte die Stimme hinter uns. ›Ich bin in der Lage, meine Behauptung zu beweisen. Es liegt ein unüberwindliches Ehehindernis vor.‹

Mr. Rochester stand starr und hochaufgerichtet da und bewegte sich nur, um meine Hand zu ergreifen. Wie heiß und fest war sein Griff! Sein bleiches, hartes Gesicht war wie aus Marmor gehauen, seine Augen funkelten wild.« *»Jane Eyre«, 26. Kapitel.*

Jane hat herausgefunden, daß Rochester seine geisteskranke Frau im Turm seines Schlosses verborgen hält. Sie verläßt Thornfield ohne Ziel, verliert Geld und Gepäck und verirrt sich. Illustration von H. Tischler.

»›Machen Sie die Tür nicht zu – oh, bitte nicht, um Gottes Willen! Ich sterbe, wenn sie mich fortschicken!‹ ›Nicht Sie! Ich glaube, Sie haben nichts Gutes vor, daß Sie mitten in der Nacht um fremde Häuser herumschleichen. Und wenn Sie Spießgesellen in der Nähe haben, Einbrecher oder ähnliches, dann sagen Sie ihnen nur, daß wir nicht allein im Haus sind; wir haben einen Herrn und Hunde und Gewehre.‹ Damit schlug die rechtschaffene, aber unbeugsame Alte die Tür zu und verriegelte sie von innen. Verzweiflung ergriff mich, völlig erschöpft sank ich auf der Schwelle zusammen und begann bitterlich zu weinen. ›Es bleibt mir nichts übrig, als zu sterben‹, schluchzte ich. ›Gottes Wille geschehe!‹

›Alle Menschen müssen sterben‹, sagte da eine Stimme dicht neben mir, ›aber nicht allen ist ein vorzeitiger Tod beschieden.‹

Ich erkannte die Umrisse einer Gestalt, die nun laut an die Haustür klopfte. ›Sind Sie es, Mr. St. John?‹ rief Hannah drinnen.

›Ja; mach rasch auf!‹« *»Jane Eyre«, 28. Kapitel.*

Edward Rochesters geisteskranke Frau hat Thornfield angezündet und ist in den Flammen umgekommen. Holzschnitt von Fritz Eichenberg.

»Grace Poole saß am Tisch, aber sie hatte den Schrei auch gehört, denn sie sagte: ›Was war das?‹ Sie stand auf, kam herüber und sah mich an. Ich lag reglos, atmete gleichmäßig mit geschlossenen Augen. ›Ich muß geträumt haben‹, sagte sie. Dann ging sie zurück, nicht zum Tisch, sondern zu ihrem Bett. Als ich sie schnarchen hörte, wartete ich noch lange, dann stand ich auf, holte die Schlüssel und schloß die Tür auf. Ich war draußen, meine Kerze in der Hand. Jetzt endlich weiß ich, warum man mich hierhergebracht hat und was ich zu tun habe. Da muß ein Luftzug gewesen sein, denn die Kerze flackerte, und ich dachte, sie sei ausgegangen. Doch ich hielt die Hand davor, und sie flammte wieder auf, um mir den dunklen Flur entlang zu leuchten.« *Ende des Romans »Sargassomeer« von Jean Rhyss, der den Lebensweg von Rochesters erster Frau beschreibt.*

George Eliot (eigentlich Mary Ann Evans), 1819-1880. Sie wurde berühmt durch ihre Romane »Die Mühle am Floß«, »Adam Bede« und »Middlemarch«. Ebenso wie die Brontës wählte sie als ›schützendes Pseudonym‹ einen männlichen Namen.

»Ich habe *Jane Eyre* gelesen, mon ami, und es würde mich freuen zu erfahren, was Du daran bewunderst. Jede Selbstaufopferung hat ihren Wert – doch man könnte sich wünschen, daß der Grund dafür ein wenig edler ist als ein teuflisches Gesetz, das einen Mann mit Leib und Seele an einen lebenden Leichnam kettet. Gleichwohl ist das Buch wirklich interessant – ich wünschte nur, die Figuren würden nicht so sehr die Sprache der Helden und Heldinnen aus den Polizeiberichten sprechen.« *George Eliot in einem Brief an Charles Bray, 11. Juni 1848.*

William Makepeace Thackeray (1811-1863), Schriftsteller (»Jahrmarkt der Eitelkeit«), dessen Werk Charlotte außerordentlich schätzte. Charlottes Wunsch, ihm die zweite Auflage von »Jane Eyre« zu widmen, empfand er als ›größtes Kompliment‹.

»Ich wünschte, Sie hätten mir ›Jane Eyre‹ nicht zugesandt. Das Buch hat mich so sehr gefesselt, daß ich einen ganzen Tag verloren (oder, wenn Sie wollen, gewonnen) habe. [. . .]

Ich habe keine Vorstellung, wer der Autor sein könnte, wenn es freilich eine Frau ist, versteht sie ihr Handwerk besser als die meisten Damen, oder sie hat eine ›klassische‹ Ausbildung genossen. Gleichviel, es ist ein prächtiges Buch, der Autor ist, ob Mann oder Frau, großartig, der Stil sehr souverän und, wenn ich so sagen darf, gradheraus [. . .] Einige der Liebesszenen haben mich zum Weinen gebracht, sehr zum Erstaunen von John, der gerade mit den Kohlen hereinkam [. . .] Wenn eine Frau das Buch verfaßt hat, wer könnte sie sein? Übermitteln sie dem Autor meinen Respekt und meinen Dank. Sein Buch ist der erste englische Roman (die französischen sind ja jetzt nur Romanzen), den ich zu wiederholten Malen lesen konnte [. . .]« *W. M. Thackeray an W. S. Williams, 23. Oktober 1847.*

Lady Ingram zu Besuch bei Mr. Rochester. Holzschnitt von Fritz Eichenberg.

»Am auffallendsten waren die verwitwete Lady Ingram und ihre Töchter Blanche und Mary. Alle drei waren hochgewachsen, die Mutter trotz ihres Alters noch immer schön, doch lag unerträglicher Hochmut auf ihren klassischen Zügen und in dem harten Blick, der mich an Mrs. Reed erinnerte.« *»Jane Eyre«, 17. Kapitel.*

»Die ziemlich ehrgeizigen Beschreibungen der Sitten und des sozialen Lebens, die das Buch enthält, sind – wir fühlen uns verpflichtet, es zu sagen – im höchsten Maße mißlungen. Die Satire schlägt mit vermehrter Kraft auf den Satiriker selbst zurück. Sie bietet ›vornehmes Leben‹ wie das Küchenpersonal es sich vorstellt; die elegante Welt wird von der anderen Seite des Staketenzauns gesehen und mit dem schmutzigen Ende des Schürhakens ausgemalt.« *Aus einer nicht gezeichneten Rezension im Christian Remembrancer, April 1848.*

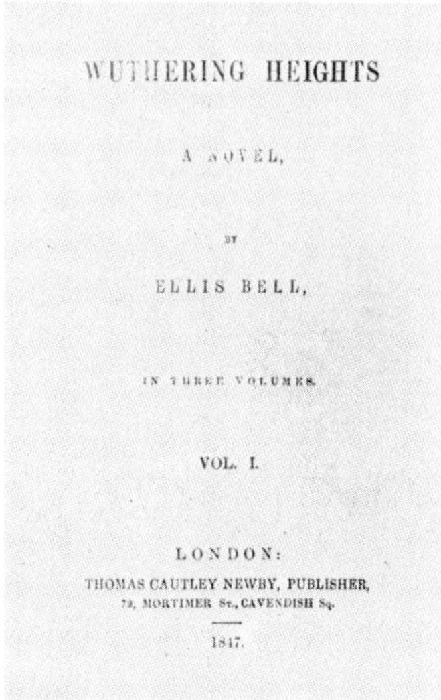

WUTHERING HEIGHTS

A NOVEL,

BY

ELLIS BELL,

IN THREE VOLUMES.

VOL. I.

LONDON:

THOMAS CAUTLEY NEWBY, PUBLISHER,

72, MORTIMER St., CAVENDISH Sq.

1847.

Erstausgabe von »Wuthering Heights«, Thomas Cautley Newby, London 1847.

»›Wuthering Heights‹ gehört, wir wiederholen es, ins Schreckenskabinett des Romans. [...] Sogar, wenn solche Autoren auf der höchsten Stufe ihres Könnens sind, wie Emily Brontë und Edgar Poe, wollen wir sie wohlüberlegt der Vergessenheit überantworten.« *Peter Bayne in »Essays in Biography and Criticism«, 1857.*

Mr. Lockwood, Pächter von Thrushcross Grange, trifft Heathcliff. Illustration von Thomas Davidson.

»1801. Ich bin gerade von einem Besuch bei meinem Gutsherrn zurückgekehrt – diesem einsamen Nachbarn, der mir zu schaffen machen wird.

Was für eine schöne Gegend! Ich glaube nicht, daß ich in ganz England meinen Wohnsitz an einer anderen Stelle hätte aufschlagen können, die so vollkommen abseits vom Getriebe der Welt liegt. Ein echtes Paradies für Menschenfeinde; und Mr. Heathcliff und ich sind das richtige Paar, um diese Einsamkeit miteinander zu teilen. Ein famoser Bursche! Er ahnte wohl kaum, wie mein Herz ihm entgegenschlug, als ich sah, wie seine schwarzen Augen sich bei meinem Näherreiten so abweisend unter den Brauen verbargen und wie seine Hände sich in entschiedenem Mißtrauen tiefer in sein Wams vergruben, während ich meinen Namen nannte.

›Mr. Heathcliff?‹ fragte ich.

Ein Nicken war die Antwort.«

»Die Sturmhöhe«, 1. Kapitel.

Wuthering Heights, Holzschnitt von Fritz Eichenberg.

»›Wuthering Heights‹, Sturmhöhe, heißt Mr. Heathcliffs Besitztum. ›Wuthering‹ ist ein trefflicher mundartlicher Ausdruck, um den Aufruhr der Lüfte zu beschreiben, dem dieser Ort bei stürmischem Wetter ausgesetzt ist. Die Leute dort oben müssen zu allen Zeiten kräftig durchgeblasen werden. Man kann sich die Gewalt des Sturmes, der um die Ecke bläst, recht vorstellen, wenn man die paar schiefgewehten dürftigen Kiefern am Ende des Hauses betrachtet und eine Reihe dürrer Dornbüsche sieht, die alle ihre Arme nach einer Seite strecken, als wollten sie die Sonne um ein Almosen bitten. Zum Glück hatte der Baumeister ein festes Haus hingesetzt: die schmalen Fenster sind tief in die Mauer eingelassen und die Ecken durch große vorstehende Steine gesichert.«
»Die Sturmhöhe«, 1. Kapitel.

Die tote Cathy erscheint Mr. Lockwood. Holzschnitt von Fritz Eichenberg.

»Ich versuchte, meinen Arm freizubekommen, aber die Hand klammerte sich fest, und eine todtraurige Stimme schluchzte: ›Laß mich hinein, laß mich hinein!‹ ›Wer bist du?‹ fragte ich und versuchte mit Macht, mich zu befreien. ›Catherine Linton‹, antwortete es bebend. (Warum dachte ich nur an Linton? Ich hatte zwanzigmal öfter Earnshaw gelesen als Linton.) ›Ich bin wieder da, ich hatte mich im Moor verirrt!‹ Während es sprach, nahm ich dunkel das Gesicht eines Kindes wahr, das durch das Fenster blickte. Das Entsetzen machte mich grausam: Da es zwecklos schien, das Geschöpf abzuschütteln, zog ich sein Handgelenk an das zerbrochene Glas und rieb es hin und her, bis das Blut herunterrann und die Bettücher befleckte. Und immer noch wehklagte es: ›Laß mich hinein!‹ hielt mich mit zähem Griff fest und machte mich fast wahnsinnig vor Angst. [. . .] ›Geh weg‹, rief ich, ›ich werde dich nie hereinlassen, und wenn du zwanzig Jahre bettelst!‹ ›Es sind zwanzig Jahre‹, klagte die Stimme, ›zwanzig Jahre! Ich bin seit zwanzig Jahren heimatlos!‹«
»Die Sturmhöhe«, 3. Kapitel.

Ponden Hall, Sitz der Familie Heaton, drei Meilen von Haworth entfernt. In der »Sturmhöhe« wird Ponden Hall zu Thrushcross Grange, dem Hause der Lintons. Cathy und Heathcliff haben sich aus dem Haus gestohlen und sind nach Thrushcross gelaufen.

»Wir krochen durch ein Loch in der Hecke, tasteten uns den Weg entlang und stellten uns in ein Blumenbeet unter dem Wohnzimmerfenster. Der Lichtschein kam von dort; sie hatten die Läden nicht geschlossen, und die Vorhänge waren nur halb vorgezogen. Wir konnten beide hineinblicken, wenn wir uns auf den Sockel stellten und uns am Sims festhielten, und wir sahen – oh, es war wunderbar – einen prächtigen Raum mit roten Teppichen, rot bezogenen Möbeln und einer schneeweißen, von einer goldenen Kante eingefaßten Zimmerdecke; von ihrer Mitte hingen viele Glastropfen an silbernen Ketten herab, die im Glanz von kleinen zarten Kerzen erstrahlten.« *»Die Sturmhöhe«, 6. Kapitel.*

Cathy und Heathcliff (Merle Oberon und Laurence Olivier) in dem Film »Wuthering Heights«, 1939, Regie: W. Wyler.

»Meine Liebe zu Heathcliff gleicht den ewigen Felsen dort unten; sie ist eine Quelle kaum wahrnehmbarer Freuden, aber sie ist notwendig. Nelly, ich bin Heathcliff! Ich habe ihn immer, immer im Sinn, nicht zum Vergnügen, genau so wenig, wie ich mir selbst stets ein Vergnügen bin, sondern als mein eigenes Sein. Darum sprich nicht wieder von unserer Trennung; sie ist unausführbar . . .« *»Die Sturmhöhe«, 9. Kapitel.*

Heathcliff. Zeichnung von Ronald Searle.

»›Nelly, hilf mir, sie von ihrer Tollheit zu überzeugen. Sag ihr, was Heathcliff ist: ein unbeherrschtes Geschöpf ohne Bildung, ohne Kultur, eine dürre Wildnis von Stechginster und Basaltfelsen. Eher würde ich den kleinen Kanarienvogel dort an einem Tag im Winter im Park aussetzen, als dir empfehlen, ihm dein Herz zu schenken! Es ist beklagenswerte Unkenntnis seines Wesens und nichts anderes, mein Kind, was dir diesen Traum eingegeben hat. Bitte, bilde dir nicht ein, daß er unter dem rauhen Äußeren eine Welt von Güte und Zärtlichkeit verbirgt. Er ist kein ungeschliffener Diamant, keine schlichte Auster, die eine Perle beherbergt: Er ist ein wilder, unbarmherziger, wölfischer Mensch.‹« *»Die Sturmhöhe«, 10. Kapitel.*

Cathy und Heathcliff in dem Film »Abismos de Pasion« (Abgründe der Leidenschaft), 1953, Regie: L. Buñuel.

»Du und Edgar, ihr habt mir das Herz gebrochen, Heathcliff. Und nun kommt ihr beide und betrauert die Tat vor mir, als wenn ihr diejenigen wäret, denen Mitleid gebührt. Ich werde euch nicht bemitleiden, bestimmt nicht. Ihr habt mich getötet – ihr habt es erreicht. – Wie stark du bist! Was meinst du, wieviel Jahre wirst du noch leben, wenn ich tot bin?« *»Die Sturmhöhe«, 15. Kapitel.*

Heathcliff unter dem Baum. Holzschnitt von Fritz Eichenberg.

»Er war da, einige Meter tiefer im Park, lehnte an einer alten Esche, ohne Hut, sein Haar durchnäßt vom Tau, der sich in den Knospen der Zweige gesammelt hatte und tropfend auf ihn niederfiel ... Er hob den Blick und sagte: ›Sie ist tot. [...] Wo ist sie? Nicht dort, nicht im Himmel, nicht in der Verdammnis, wo? Oh, du hast gesagt, du kümmertest dich nicht um meine Leiden. Und ich bete ein Gebet, ich wiederhole es, bis meine Zunge erstarrt: Catherine Earnshaw, mögest du keine Ruhe finden, solange ich am Leben bin ... Sei immer um mich, nimm jede Gestalt an, treibe mich zum Wahnsinn, nur laß mich nicht in diesem Abgrund, wo ich dich nicht finden kann.« *»Die Sturmhöhe«, 16. Kapitel.*

Moorlandschaft bei Haworth.

»Er sagte, die schönste Art, einen heißen Julitag hinzubringen, sei, vom Morgen bis zum Abend auf einem Heidehügel mitten im Moor zu liegen, wenn die Bienen einschläfernd zwischen den Blüten summten, die Lerchen hoch über unseren Häuptern sängen und die Sonne ununterbrochen vom wolkenlosen blauen Himmel schiene. Das war seine vollkommenste Vorstellung von der himmlischen Seligkeit. Meine aber war, mich in einem rauschenden, grünen Baumwipfel zu wiegen; dabei müßte Westwind wehen und leuchtend weiße Wolken müßten über mir schnell dahinziehen. Nicht nur Lerchen, auch Drosseln, Amseln, Hänflinge und Kuckucke müßten von allen Seiten ein Konzert veranstalten; in der Ferne müßte man das Moor sehen mit seinen kühlen, dunklen Tälern, nahebei aber sanfte Hügel mit hohen Gräsern, in die der Wind Wellenlinien zaubert, und Wälder und rauschende Wässer; und die ganze Welt müßte wach und toll vor Freude sein. Er wollte, daß alles in tiefstem Frieden daliegen sollte, ich wünschte, daß alles funkelte und tanzte in jubelnder Pracht.« *»Die Sturmhöhe«, 24. Kapitel.*

Sydney Dobell, Literaturkritiker.

»... man blickt auf die ganze Geschichte zurück wie auf eine Welt glänzender Gestalten in einer verschleierten Atmosphäre; Gestalten treten vor das Auge, prägen sich der Vorstellung unauslöschlich ein und entschwinden im alles verhüllenden Nebel. Das Buch ist die nicht ausgeformte Handschrift eines Riesen, die mächtige Äußerung eines jungen Gottes.« *Sydney Dobell im »Palladium«, 1850, über »Wuthering Heights«.*

»Es gibt eine Redensart, die besagt, daß derjenige, der abends geschmolzenen Käse ißt, in der Nacht vom Teufel träumen wird. Der Autor von ›Wuthering Heights‹ hat offensichtlich geschmolzenen Käse gegessen. Wie ein menschliches Wesen es unternehmen konnte, ein solches Buch zu schreiben wie der Genannte, das 12. Kapitel abschließen konnte, ohne Selbstmord zu begehen, ist ein Geheimnis.« *Grahams Magazine, Juli 1848.*

In ihrem Erstling ›Agnes Grey‹ schildert Anne Ereignisse aus ihrem Leben als Gouvernante. Ausgabe der Oxford University Press, Zeichnung Leonard Rosoman.

»›Ich möchte gern Gouvernante werden.‹

Meine Mutter stieß einen überraschten Ausruf aus und lachte. Meine Schwester ließ vor Erstaunen ihre Arbeit sinken und rief: ›Du als Gouvernante, Agnes! Wie kannst du nur von so etwas träumen!‹ [. . .]

›Aber mein Liebes, du hast noch nicht einmal gelernt, auf dich selbst aufzupassen, und um mit kleinen Kindern fertig zu werden, braucht es mehr Urteil und Erfahrung als für größere.‹

›Aber, Mama, ich bin über achtzehn und kann sehr gut auf mich selbst aufpassen und auch auf andere. Du hast auch keine Ahnung von der Klugheit und Beredsamkeit, über die ich verfüge, weil niemand mich je auf die Probe gestellt hat.‹

›Stell dir doch nur einmal vor‹, sagte Mary, ›was du in einem Haus voll fremder Menschen anfangen würdest [. . .], wo du, außer auf dich selbst, noch auf eine Schar Kinder aufzupassen hättest [. . .] Du würdest doch nicht einmal wissen, welches Kleid du anziehen sollst.‹« *»Agnes Grey«, 1. Kapitel.*

Zeichnung von Anne, 13. November 1893. Anne liebte das Meer, wie ihre Heldin Agnes Grey. Bei einsamen Strandspaziergängen in den Ferien mit der Familie Robinson konnte sie ihren Gouvernanten-Alltag vergessen.

»Schon in den Straßen war ein Duft von herber Frische; und als die Stadt hinter mir lag und ich über den Sand schritt, das Gesicht gegen die weite, schimmernde Bucht gewandt, hätte ich nicht gewußt, wie den Anblick des tiefen Blaus vom Himmel und Meer beschreiben, die strahlende Morgensonne auf der halbkreisförmigen Schanze schroffer, von grünen, schwellenden Hügeln überragter Klippen, auf dem glatten, breiten Strand und den niedrigen Felsen draußen im Meer – die mit ihrem Kleid von Tang und Moos wie kleine, grasbewachsene Inseln aussahen – und vor allem auf den glitzernden, glänzenden Wellen.« *»Agnes Grey«, 24. Kapitel.*

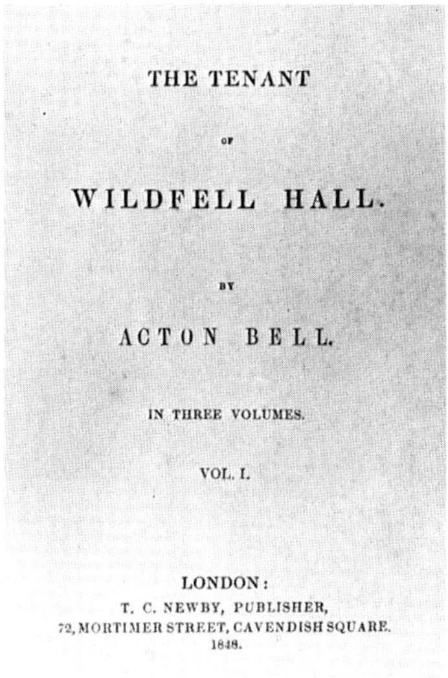

THE TENANT

OF

WILDFELL HALL.

BY

ACTON BELL.

IN THREE VOLUMES.

VOL. I.

LONDON:
T. C. NEWBY, PUBLISHER,
72, MORTIMER STREET, CAVENDISH SQUARE.
1848.

Erstausgabe des »Tenant of Wildfell Hall«. London: T. C. Newby 1848.

»›The Tenant of Wildfell Hall‹ hat einen besseren Anfang als ›Wuthering Heights‹ und der Schluß ist ein untadeliges Beispiel poetischer Gerechtigkeit; aber im Mittelteil der Geschichte gibt es Szenen, bei denen der Autor den Ehrgeiz zu haben scheint, den Leser so eindringlich wie möglich mit dem unverhüllten Laster bekannt zu machen, und es gibt dort Gespräche, von denen wir gehofft hatten, sie niemals in englischer Sprache gedruckt zu sehen.« *Aus einer Rezension von James Lorimer in der North British Review, August 1849.*

»Hätte Anne Brontë zehn Jahre länger gelebt, stünde sie gleichrangig neben Jane Austen, vielleicht sogar höher [. . .] Sie hatte deren Qualitäten und noch einige mehr. Sie konnte mit Glut schreiben, eine der seltensten Eigenschaften [. . .) Im ›Tenant of Wildfell Hall‹ wird der junge Gutsbesitzer in einen Sturm der Leidenschaft geworfen, wie ihn Männer selten, wenn überhaupt – ich will nicht sagen empfinden, aber in Worte kleiden können.« *George Moore: »Conversations in Ebury Street«.*

»The Tenant of Wildfell Hall« mit Janet Munro. Foto aus der BBC-Serie.

»›Und‹, fuhr Rose fort, ›ich wollte dir gerade eine wichtige Neuigkeit erzählen, die ich dort gehört habe – seitdem kann ich sie kaum für mich behalten. Du weißt, daß vor einem Monat erzählt wurde, jemand wolle Wildfell Hall pachten – und – was meinst du? Es ist schon über eine Woche bewohnt – und wir wußten es nicht!‹

›Unmöglich!‹ schrie meine Mutter.

›Lächerlich!‹ kreischte Fergus.

›Es ist aber so – und es ist eine alleinstehende Dame!‹

›Gütiger Gott, meine Liebe! Das Anwesen ist völlig verfallen!‹«

»The Tenant of Wildfell Hall«, 1. Kapitel.

Charlottes Zeichnung von Anne, die sie mit ›Annie Brontë‹ betitelte.

»Ich wollte die Wahrheit erzählen, denn für jene, die fähig sind, sie zu empfangen, trägt sie immer ihre eigene Moral in sich. Aber weil der kostbare Schatz sich allzu oft auf dem Grund eines Brunnens verbirgt, braucht man einigen Mut, danach zu tauchen, zumal derjenige, der das tut, wahrscheinlich weniger Dank für den Edelstein erntet, den er zutage gefördert hat, als Hohn und Spott über den Schmutz, in den er hinabzutauchen wagte.« *Anne im Vorwort zur 2. Auflage des »Tenant of Wildfell Hall«.*

Die Schwestern auf dem Weg nach London. Emily (Isabelle Adjani), Anne (Isabelle Huppert) und Charlotte (Marie-France Pisier). Foto aus dem Film von André Téchiné »Die Schwestern Brontë«.

»The Tenant of Wildfell Hall« war ebenfalls von T. C. Newby zur Veröffentlichung angenommen worden, und Newby schloß über das Werk einen Vertrag mit einem amerikanischen Verlag. Da »Jane Eyre« in Amerika ein großer Erfolg war, kündete der Verlag den »Tenant« als nächstes Buch von Currer Bell an und behauptete überdies, daß Acton, Ellis und Currer Bell ein und dieselbe Person seien. Als Smith and Elder davon hörten, schrieben sie sofort nach Haworth und baten höflich um Aufklärung. Die drei Schwestern beschlossen, daß Charlotte und Anne nach London fahren sollten, um Smith and Elder persönlich den Gegenbeweis zu erbringen. Noch am selben Abend (7. Juli 1848) starteten sie in Haworth.

Der Bahnhof von Keighley um 1840. Drei Meilen hatten Anne und Charlotte zu gehen, um in Keighley den Zug zu erreichen. Unterwegs überraschte sie ein Gewitter, aber sie hatten keine Zeit, sich unterzustellen. In letzter Sekunde kamen sie am Bahnhof an, fuhren bis Leeds, um dort den Nachtzug nach London zu nehmen.

In London stiegen die beiden im Chapter Coffee House in der Paternoster Row ab. Eine merkwürdige Wahl, aber sie kannten nur dieses Hotel, da Patrick hier zur Zeit der Priesterweihe gewohnt hatte.

»Paternoster Row ist eine schmale, finstere und nicht allzu saubere Gasse, die mit Ludgate Street parallel läuft und auf St. Paul's Yard mündet. Die Gasse ist dadurch interessant, daß Buchhandlung neben Buchhandlung ist, lauter lichtlose, traurige Gewölbe.« *Theodor Fontane, Tagebucheintragung vom 12. Juni 1852.*

Panorama von London um 1840. Gleich nach ihrer Ankunft machten sich Charlotte und Anne auf den Weg zu Smith & Elder. Statt einen Wagen zu nehmen, kreuzten sie panisch eine Stunde lang im Londoner Großstadtbetrieb umher, bis sie die 800 Meter bis zum Cornhill zurückgelegt hatten.

George M. Smith, Charlottes Verleger.

»Ich war in meinem Büro an der Arbeit, als ein Angestellter mich davon unterrichtete, daß zwei Damen mich zu sprechen wünschten. Ich war sehr beschäftigt und ließ um ihre Namen bitten. Der Angestellte kehrte zurück und sagte, daß die Damen es ablehnten, ihre Namen zu nennen, mich jedoch in einer privaten Angelegenheit zu sprechen wünschten. Nach einem Augenblick des Zögerns bedeutete ich ihm, die Damen hereinzubitten. Ich war mit meinen Gedanken mitten in meiner Korrespondenz und weit entfernt von Currer Bell und ›Jane Eyre‹. Zwei ziemlich altmodisch gekleidete Damen, blaßgesichtig und ängstlich blickend, betraten mein Zimmer; eine der beiden trat vor und überreichte mir einen Brief, der in meiner eigenen Handschrift die Aufschrift trug: ›An Currer Bell Esq.‹ Ich bemerkte, daß der Brief geöffnet worden war, und sagte mit einiger Schärfe: ›Woher haben Sie diesen Brief?‹ ›Vom Postamt‹, war die Antwort, ›er war an mich adressiert. Wir sind zu zweit gekommen, damit Sie sich durch den Augenschein davon überzeugen können, daß es mindestens zwei von uns wirklich gibt.‹ Das also war ›Currer Bell‹ in Person.« *George M. Smith: »In the Early Fourties«.*

Ein schmerzvolles Jahr
(1848-1849)

Obwohl seine Schwestern es ihm verheimlichten, muß Branwell gewußt haben, daß er mit berühmten Autorinnen unter einem Dach lebte. Sie hatten die Kinderträume verwirklicht, während er, der vielfach Begabte, der Augenstern der Familie, gescheitert war. Ausbrüchen von rastloser Energie folgten Tage tiefer Depression. Die alte Brillanz entfaltete sich manchmal noch beim Bramarbasieren an der Bar des »Black Bull«. Zum Alkohol kam Opium. Mit 31 Jahren war er tot.

Als nächste wurde Emily krank. Sie magerte ab, das Atmen wurde ihr zur Qual. Charlotte schrieb an die vertraute Freundin: »Es ist ganz sinnlos, sie zu fragen, man bekommt doch keine Antwort. Es ist noch viel sinnloser, ihr Medizin aufdrängen zu wollen, sie nimmt sie doch nicht. Sie hat kein Mitleid mit sich. Von der zitternden Hand, den kraftlosen Gliedern, den versagenden Augen verlangt sie dieselben Dienste wie in gesunden Tagen.« Bis kurz vor ihrem Tod verweigerte sie sich ärztliche Hilfe. »Kein Giftmischer kommt mir ins Haus!« Sie starb am frühen Nachmittag des 19. Dezembers 1848.

Und auch Anne hatte nicht mehr lange zu leben. Schon auf Emilys Beerdigung hatte sie Charlotte das blutige Taschentuch gezeigt. Gefaßt sah sie ihrem Ende entgegen. Aber noch einmal wollte sie das geliebte Meer sehen, und so fuhren Anne, Charlotte und Ellen Nussey nach Scarborough, wo Anne vier Tage später, am 24. Mai 1849, starb.

Charlotte kehrte in das stille Haus zu ihrem Vater zurück, in dem das laute Ticken der Uhr ihre unglückliche Einsamkeit begleitete.

Zeichnung von Branwell in einem Brief an den Bildhauer J. B. Leyland.

»Seinen Brief illustrierte Branwell mit zwei Zeichnungen. Die eine zeigt ihn im Profil mit dunkler Brille und um den Hals einen Strick. [. . .] Die zweite, unmittelbar unter der ersten, zeigte fünf Gefährten zechend um einen Tisch und mit den Namen Sugdeniensis, Draco, der feurige Enterich, St. Johannes in der Wildnis – mit dem gespaltenen Schwanz des Teufels – Phidias und St. Patrick alias Lord Peter genannt. Unter die Zeichnung hatte Branwell gekritzelt: ›Die Rettung der Punchbowle. Eine Szene im ‚Talbot'.‹ Vielleicht hatten einmal die fünf oder möglicherweise die vier einen ›Höllenfeuerklub‹ gebildet, und bei diesen Anlässen mag Lord Peter der Spitzname für Branwell gewesen sein.« *Daphne du Maurier: »Doch mich verschlang das wild're Meer. Der Lebensroman des dämonischen Branwell Brontë«.*

Der ›Black Bull‹ in Haworth. Der Eisenbahningenieur Francis Grundy, ein alter Freund Branwells, berichtet von ihrem letzten Zusammentreffen dort.

»Jetzt öffnete sich behutsam die Türe und ein Kopf erschien. Es war eine Fülle von rotem, ungekämmtem, ungeschnittenem Haar, das wild um eine hohe, finstere Stirn flutete; die gelben, hohlen Wangen, der eingesunkene Mund, die dünnen, weißen Lippen, die nicht zitterten, sondern krampfhaft bebten, die tiefliegenden Augen, einst klein, jetzt vom Licht des Wahnsinns funkelnd – das alles erzählte nur allzu eindeutig die traurige Geschichte. [. . .] Noch ein Glas Branntwein, und die wiederkehrende Wärme machten ihn nach und nach zu etwas, das dem Brontë der früheren Zeit glich.« *Francis Grundy: »Pictures of the Past«.*

Branwell Brontë. Gipsrelief von J. B. Leyland. Branwell starb am 24. September 1848.

»Der letzte Abschied, der Anblick seines fahlen Leichnams, bereitete mir mehr brennende, schmerzliche Qual, als ich dachte. Bis die letzte Stunde kommt, wissen wir nie, in welchem Maße wir in der Trauer um einen nahen Verwandten des Mitleids fähig sind.« *Charlotte an Ellen Nussey, 9. Oktober 1848.*

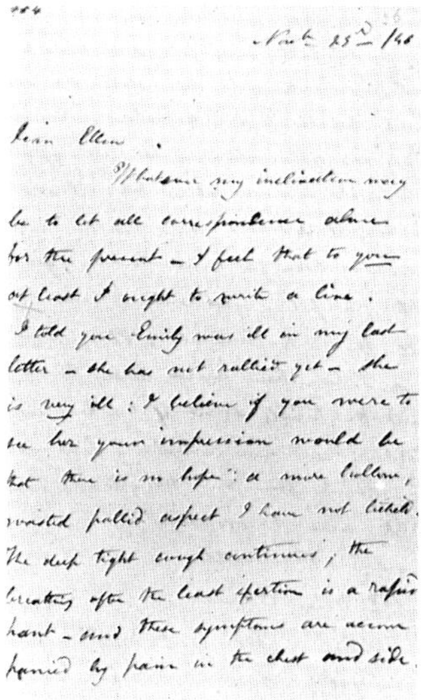

Nov 23d /48

Dear Ellen.

Whatever my inclination may be to let all correspondence alone for the present – I feel that to you at least I ought to write a line. I told you Emily was ill in my last letter – she has not rallied yet – she is very ill: I believe if you were to see her your impression would be that there is no hope: a more hollow, wasted pallid aspect I have not beheld. The deep tight cough continues; the breathing after the least exertion is a rapid pant – and these symptoms are accompanied by pain in the chest and side.

Charlottes Brief an Ellen Nussey vom 23. November 1848.

»Ungeachtet meiner Neigung, in diesen Tagen auf jegliche Korrespondenz zu verzichten, spüre ich, daß ich zumindest *Dir* ein paar Zeilen schuldig bin. Ich schrieb Dir in meinem letzten Brief, daß Emily krank sei. Sie hat sich noch nicht wieder erholt. Sie ist *sehr* krank. Ich glaube, wenn Du sie sehen würdest, hättest Du den Eindruck, daß es keine Hoffnung mehr gibt: hohlwangig, ausgezehrt und bleich – ein Anblick, wie ich ihn noch nicht erlebte. Der tiefe, festsitzende Husten dauert an; das Atmen nach der geringsten Anstrengung ist ein rasendes Keuchen; und diese Symptome sind von Schmerzen in der Brust und in der Seite begleitet. [. . .] In diesem Zustand weigert sie sich entschieden, einen Arzt zu sehen.«

Das Eßzimmer im Pfarrhaus. Auf dem Sofa starb Emily am 19. Dezember 1848.

»Ich erinnere mich an den Schauer, der Miss Brontë überlief, als sie sich den stechenden Schmerz in Erinnerung rief, der sie traf, als sie – nachdem sie in den kleinen Mulden und geschützten Felsspalten des Hochmoores nach einem Zweig Heide für Emily (und wäre es auch ein verdorrter) gesucht hatte – sehen mußte, daß die trüben und gleichgültigen Augen Emilys die Blume nicht erkannten. Doch bis zuletzt hielt Emily beharrlich an ihrer Gewohnheit fest, unabhängig zu sein. Sie litt es nicht, daß jemand ihr behilflich war. Jeder Versuch in diese Richtung weckte sogleich den alten unbeugsamen Geist. An einem Dienstagmorgen im Dezember stand sie auf und kleidete sich an, wobei sie öfter innehielt, aber alles selbst machte und sich sogar anschickte, die Näharbeit aufzunehmen, mit der sie beschäftigt war; die Bediensteten sahen zu und wußten, was der keuchende, rasselnde Atem und das Glänzen der Augen nur allzu deutlich vorhersagten; doch sie fuhr in ihrer Arbeit fort; Charlotte und Anne, obgleich voll unaussprechlicher Furcht, bewahrten sich dennoch einen letzten Funken Hoffnung.« *Elizabeth Gaskell: »The Life of Charlotte Brontë«.*

Das Pfarrhaus im Winter.

»Alle Tage dieses Winters sind dunkel und schwer vorübergezogen wie ein Leichenzug. Seit September hat die Krankheit das Haus nicht verlassen. Es ist merkwürdig, daß es nicht schon immer so war, doch jetzt argwöhne ich, daß all dies sich Jahre hindurch angekündigt hat. Da keiner von uns daran gewöhnt war, eine robuste Gesundheit sein eigen zu nennen, haben wir das allmähliche Näherkommen der Zerrüttung nicht bemerkt; wir erkannten ihre Symptome nicht: das schwache Hüsteln, der geringe Appetit, die Neigung, sich bei jeder Wetteränderung zu erkälten sind als alltägliche Ereignisse betrachtet worden. Jetzt sehe ich sie in einem anderen Licht.« *Charlotte an W. S. Williams, 18. Januar 1849.*

Anne Brontë. Zeichnung von Charlotte.

»Die Ärzte sagen, daß in Fällen von Auszehrung eine Luftveränderung oder ein Wechsel in ein besseres Klima wohl kaum ohne Erfolg bleiben würden, wenn man *rechtzeitig* zu diesem Mittel greift; aber der Grund, warum es so viele Fehlschläge gibt, liegt darin, daß man im allgemeinen so lange damit wartet, bis es zu spät ist. [...] Ich wünsche, es würde Gott gefallen, mich zu verschonen, nicht nur Papas und Charlottes wegen, sondern weil mich danach verlangt, etwas Gutes in der Welt zu tun, bevor ich sie verlasse. Ich habe viele Pläne für künftige Tätigkeiten im Kopf, bescheiden und begrenzt zwar, doch es täte mir leid, wenn nichts daraus werden würde und ich in meinem Leben so wenig bewirkt hätte.«
Anne an Ellen Nussey, 29. März 1849.

St. Nicholas Cliff in Scarborough. In Gesellschaft von Charlotte und Ellen Nussey besuchte Anne die Stadt York, am 25. Mai 1849 fuhren sie weiter nach Scarborough.

»Es machte sie glücklich, York und seine Kathedrale und Scarborough und seine Bucht noch einmal zu sehen. Es gibt noch kein Anzeichen für eine Wiederbelebung der körperlichen Kräfte – ich fürchte vielmehr, daß das langsame Schwinden andauert. Leute, die sie sehen, sagen mir, ich dürfe nicht erwarten, daß sie noch lange lebt – aber dieser Aufenthalt heitert sie ein wenig auf.

Unsere Wohnung ist sehr hübsch. Wenn Anne am Fenster sitzt, kann sie aufs Meer schauen, das heute morgen so ruhig ist wie Glas. Wenn sie freier atmen könnte, sagt sie, würde sie sich in diesem Augenblick wohlfühlen – aber eben das kann sie nicht.« *Charlotte an W. S. Williams, 27. Mai 1849.*

Cliff Bridge in Scarborough.

»Nach dem Tee war es immer noch so mild und schön, daß sie noch einmal ausgingen. Anne wollte unbedingt auf der Spa-Brücke entlanggehen, die damals als große technische Leistung angesehen wurde. Getragen von hohen Bögen, wie ein Viadukt, überspannte sie das Tal zwischen St. Nicholas Cliff und South Cliff. [. . .] Charlotte notierte unter den Reisekosten die Sixpence, die sie jede als Brückenzoll zahlen mußten.« *Winifred Gérin: »Anne Brontë«.*

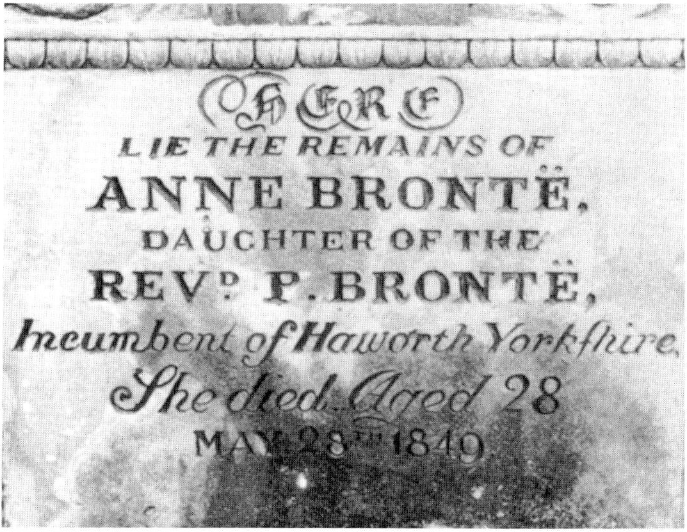

Grabstein von Anne Brontë in Scarborough. Anne starb am 28. Mai 1849. »Es wird bald alles gut sein«, waren ihre letzten Worte und »sei mutig, Charlotte, sei mutig.«

»Shirley«

Nach Annes Tod fand Charlotte Trost in der »glücklicheren, unrealistischen Welt des Schreibens«. Sie hatte »Shirley« begonnen, einen historischen Roman, der zu Beginn des 19. Jahrhunderts spielt.

Den Hintergrund bildet die politische Situation: 1806 verhängte Napoleon die Kontinentalsperre über England, was bedeutete, daß England keine Handelsbeziehungen mit den europäischen Kontinentalmächten pflegen konnte. Durch die Abgeschlossenheit vom Kontinent gelang England ein entscheidender technischer Vorsprung durch die Mechanisierung seiner Webereien und Spinnereien. Die Folge waren soziale Konflikte: Hatten die Weber bisher mit ihrer Arbeit an den Handwebstühlen ein, wenn auch karges, Auskommen gehabt, bedeutete der Aufbau von Fabriken mit mechanischen Webstühlen den Ruin für die Heimarbeiter. Dazu kam, daß die Unternehmer immer die billigsten Arbeitskräfte einstellten, nämlich Frauen und Kinder. Diese verzweifelte Situation trieb die Weber zu offener Empörung, sie revoltierten; Fabriken wurden über Nacht angezündet, Transporte mit Webstühlen überfallen, die Maschinen zerstört. 1811 verabschiedete die Regierung ein Gesetz, das jeden, der eine Maschine mutwillig zerstörte, mit dem Tode bedrohte. Vergeblich protestierte der Dichter Lord Byron in einer Oberhaus-Rede gegen diese Härte. Die Maschine siegte.

Charlottes Arbeit an »Shirley« war vom Tod ihrer Geschwister überschattet. Der Roman ist in seiner Langstiligkeit und seinen Brüchen sicher nicht Charlottes gelungenstes Werk. In der Person der selbstbewußten Shirley zeichnete sie ein liebevolles, idealisiertes Portrait von Emily, »wie sie hätte sein können, wenn sie nur gelebt hätte«.

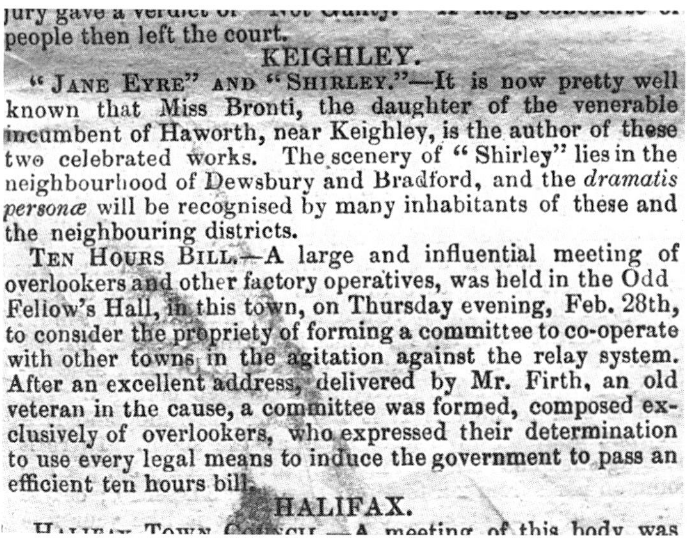

people then left the court.

KEIGHLEY.

"JANE EYRE" AND "SHIRLEY."—It is now pretty well known that Miss Bronti, the daughter of the venerable incumbent of Haworth, near Keighley, is the author of these two celebrated works. The scenery of "Shirley" lies in the neighbourhood of Dewsbury and Bradford, and the *dramatis personæ* will be recognised by many inhabitants of these and the neighbouring districts.

TEN HOURS BILL.—A large and influential meeting of overlookers and other factory operatives, was held in the Odd Fellow's Hall, in this town, on Thursday evening, Feb. 28th, to consider the propriety of forming a committee to co-operate with other towns in the agitation against the relay system. After an excellent address, delivered by Mr. Firth, an old veteran in the cause, a committee was formed, composed exclusively of overlookers, who expressed their determination to use every legal means to induce the government to pass an efficient ten hours bill.

HALIFAX.

Artikel in »The Leeds Times« vom 9. März 1850.

»›Jane Eyre‹ und ›Shirley‹ – Es gilt nun als ziemlich sicher, daß Miss Bronti, die Tochter des ehrwürdigen Pfarrers von Haworth, bei Keighley, die Verfasserin dieser beiden berühmten Werke ist. Der Schauplatz von ›Shirley‹ liegt in der Nähe von Dewsbury und Bradford, und die Personen des Romans werden von vielen Einwohnern dieser und der angrenzenden Bezirke wiedererkannt werden.«

Eine der frühen Maschinen, die die Arbeit der Handweber überflüssig machte.

»Just in dieser Krisenzeit führte man in der Wollverarbeitung des Nordens gewisse neu erfundene Maschinen ein. Diese Mechanisierung des Produktionsprozesses machte viele Menschenhände überflüssig, warf Tausende von Arbeitern auf die Straße und ließ sie ohne Mittel zur Fristung ihres Daseins. Eine Mißernte kam noch dazu. Die Not erreichte ihren Höhepunkt. Man spürte das dumpfe Grollen eines Erdbebens unter den Bergen der nördlichen Grafschaften; aber man achtete kaum darauf. Wenn eine Hungerrevolte in einer Industriestadt ausbrach, eine Rauhmaschinenfabrik niedergebrannt oder das Haus eines Unternehmers gestürmt wurde, dann trafen die lokalen Behörden wohl ein paar mehr oder minder wirksame Maßnahmen (oft unterließen sie es auch): Ein Rädelsführer wurde entlarvt und bestraft, häufiger freilich gelang es ihm, sich der Bestrafung zu entziehen.« *»Shirley«, 2. Kapitel.*

Karikatur zum Aufstand der Ludditer. Um die drohende Arbeitslosigkeit zu verhindern, schlossen sich die Weber zusammen, überfielen Transporte mit neuen Webstühlen und auch Fabrikbesitzer. Häufig ließen diese Soldaten kommen, die den Aufruhr niederschlagen sollten.

»›Bekommt es Ihnen, Mr. Helstone, bei Ihrem Alter und in solcher Regennacht hinter Aufrührern herzujagen?‹

›Es bekommt mir, meine Pflicht zu tun, und in einem Falle wie dem heutigen wird mir die Pflicht zum Vergnügen. Hinter Raubgesindel herzujagen ist eine treffliche Beschäftigung, die sich sogar für einen Erzbischof schickt.‹ [. . .]

›Wir sind elf kräftige Männer, und Pferde und Wagen haben wir auch. Wenn uns doch bloß ein paar von den verhungerten Lumpen in den Weg liefen! Wir könnten einen gewaltigen Sieg über sie erringen. Jeder von uns könnte ein Wellington sein.‹« *»Shirley«, 3. Kapitel.*

Kinder nach der Arbeit in einer Weberei um 1814.

»Mr. Moore stand am Eingang der Fabrik, um die Kinder vorbeigehen zu sehen; er zählte dieselben, während sie an ihm vorbeigingen. Zu denen, die etwas spät kamen, sagte er ein Wort des Tadels, das von Joe Scott, wenn die Saumseligen die Arbeitssäle erreichten, etwas schärfer wiederholt wurde. [. . .] Ohne Zweifel sind in solchen Fällen Normen notwendig, und rohe und grausame Herren werden rohe und grausame Normen aufstellen, welche dieselben zu der Zeit wenigstens, von der wir sprechen, bisweilen in überaus tyrannischer Weise in Anwendung brachten . . . Anstatt daher mit effektreichen Beschreibungen von Schlägen und Peitschenhieben meinen Leser zu quälen und bei ihm das Organ des Wunders zu ergötzen, fühle ich mich glücklich, ihm sagen zu können, daß weder Mr. Moore noch sein Aufseher je ein Kind in der Fabrik schlug.« *»Shirley«, 5. Kapitel.*

Rawfolds Mill in Hunsworth gilt als Vorlage für Hollows Mill in »Shirley«. Die wütenden Arbeiter überfallen Mr. Moores Fabrik, der seinerseits gezwungen ist, neue Maschinen anzukaufen, um wettbewerbsfähig zu sein.

»Ein Krachen, Klirren, Splittern ließ ihr Gewisper verstummen. Eine auf Kommando geschleuderte Salve von Steinen hatte sämtliche Fenster der ganzen langen Fabrikfront zertrümmert. Ein wilder Schrei folgte dieser Detonation. Vielleicht hast du nie einen solchen Schrei vernommen, Leser? Um so besser für deine Ohren und auch für dein Herz. Der Löwe schüttelt seine Mähne und erhebt sein Gebrüll gegen das Geheul der Hyäne. Klasse steht wütend gegen Klasse auf, und die Wut des gereizten Bürgerstandes entlädt sich über die hungernden Arbeitermassen. In solchen Augenblicken ist es schwer, gerecht zu sein.«
»Shirley«, 19. Kapitel.

George Henry Lewes, Autor und Literaturkritiker, Lebensgefährte von George Eliot. Zeichnung von Anne Gliddon, 1840.

»Die große Aufgabe der Frau [. . .] ist und bleibt auf immer die Mutterschaft [. . .] folglich sind zwanzig der besten Jahre ihres Lebens davon betroffen [. . .] Hohe Kunst und Wissenschaft fordern immer den ganzen Mann. [. . .] die Frauen haben allzu oft daran gedacht, den Männern den Rang abzulaufen. Diese supermännliche Kraft tritt in ›Shirley‹ noch stärker in den Vordergrund und trägt nicht dazu bei, das Buch genießbarer zu machen. [. . .] ›Shirley‹ kann nicht als Kunstwerk betrachtet werden. [. . .] Currer Bell muß auch lernen, einen kleinen Teil ihrer Yorkshire-Ungeschliffenheit den Ansprüchen des guten Geschmacks zu opfern [. . .].« *Edinburgh Review, Januar 1850.*

»Auch Lewes habe ich gesehen [. . .] bei seinem Anblick konnte ich nichts anderes fühlen, als halb-traurig, halb-zärtlich [. . .] der Anblick seines Gesichts rührte mich beinahe zu Tränen; es ähnelt dem Emilys auf wunderbare Weise – ihre Augen, ihre Gesichtszüge, die gleiche Nase . . . ja, manchmal sogar das Mienenspiel . . .« *Charlotte an Ellen Nussey, 22. Juni 1850.*

Algernon Charles Swinburne (1837-1909), seine »Gesänge und Balladen« schockierten das viktorianische Publikum wegen ihrer Sinnlichkeit und der deutlichen Erotik. Porträt von G. F. Watts.

»Keine andere Frau, die ich kenne, nicht einmal George Sand, hätte einen Prosasatz von solch erhabener und vollkommener Poesie schreiben können wie den folgenden: ›Erhaben leuchtet der Mond über dem Sturm, er scheint so heiter, als ob Selene sich der wilden Liebkosung gern hingebe.‹

Das ist durch nichts zu übertreffen ... Der Satz malt den Wind wie David Cox und das Licht wie Turner.« *A. Ch. Swinburne über »Shirley«, 1877.*

Die berühmte Autorin

Currer Bell beziehungsweise Charlotte Brontë war nun eine berühmte Autorin. Ihr freundlicher Verleger, George M. Smith, lud sie nach London ein, bei ihm und seiner Mutter zu wohnen. Charlotte nahm die Einladung gern an. Sie entfloh dem stillen Pfarrhaus und genoß es, trotz aller Schüchternheit und Ängstlichkeit, Neues zu sehen, andere Menschen kennenzulernen.

Und ein wenig war sie auch in ihren Verleger verliebt, wenngleich auf eine verzichtende Weise, denn sie wußte, daß er ihr Gefühl nicht erwidern konnte. In ihrem nächsten und letzten Roman (»Villette«) beschrieb sie ihn in der Gestalt des liebenswürdigen Doktors John Graham Bretton. Als George Smith das Manuskript gelesen hatte und ihr seine Eindrücke dazu schrieb, antwortete sie: »Lucy kann Dr. John nicht heiraten [. . .] seine Frau muß jung, reich und hübsch sein.«

Charlotte war auch nicht mehr arm, das Dach des Pfarrhauses konnte neu gedeckt werden, eine Dusche wurde eingebaut, ganz vorsichtig kaufte sie sich auch neue Kleider. Die Zeit ihrer Reisen nach London, zu Ellen Nussey, zu Harriet Martineau, ihre Begegnungen mit Thackeray und dem Duke of Wellington bezeichnete sie als die »wirklich dekorative« Seite ihres Lebens.

London: Panorama um 1840 mit St. Paul's Cathedral.

»Der nächste Tag war der erste März, und als ich aufwachte und mich erhob und die Vorhänge zurückzog, da sah ich, wie sich die aufsteigende Sonne durch Nebel kämpfte. Oben, über den Hausgiebeln, fast wolkenhoch, erblickte ich eine erhabene kreisförmige Masse, dunkelblau und düster – den Dom. Während ich schaute, regte sich mein inneres Ich. Mein Geist schüttelte die immer gefesselten Schwingen halb frei, mir war plötzlich, als ob ich, die noch nie wirklich gelebt hatte, endlich Leben kosten sollte. An diesem Morgen wuchs meine Seele so rasch wie Jonas Kürbis.

›Es war gut, daß ich herkam‹, sagte ich, indem ich mich geschwind und sorgsam ans Ankleiden machte.

›Ich mag den Geist dieses großen London, den ich um mich fühle. Wer anders als ein Feigling würde sein ganzes Leben in winzigen Dörfern zubringen und alles, was an Kraft und Können in ihm steckt, in die Dunkelheit werfen, für immer, daß sie's wie Rost zerfrißt?‹«

»Villette«, 6. Kapitel.

Der Kristallpalast. Auf der Londoner Weltausstellung 1851.

»Gestern besuchten wir den Kristallpalast. Das Gebäude macht von außen einen fremdartigen und eleganten, doch irgendwie inhaltslosen Eindruck. Das Innere stellt sich wie ein gewaltiger Jahrmarkt der Eitelkeit dar. Von allen Seiten leuchten die strahlendsten Farben; Produkte aller Arten, von Diamanten bis zu Spinnmaschinen und Druckpressen, sind dort zu sehen. Es war sehr schön, großartig, anregend und verwirrend, doch ich mochte Thackerays Vortrag lieber.« *Charlotte an ihren Vater, 30. Mai 1851.*

Das Gefängnis Newgate. Zeichnung von Thomas Malton, 1792.

»Charlotte Brontë hat mehrere Male bei uns gewohnt [. . .] Wir führten sie an Orte, von denen wir glaubten, daß diese sie interessieren würden – das Gebäude der ›Times‹, das Hauptpostamt, Newgate und Bedlam. In Newgate wurde ihre Aufmerksamkeit sehr schnell von einem einzelnen Gefangenen gefesselt. Es war ein armes junges Mädchen mit einem interessanten Gesicht, das den Ausdruck tiefsten Schmerzes trug. Sie hatte, glaube ich, ihr uneheliches Kind getötet. Miss Brontë ging zu ihr, nahm ihre Hand und begann mit ihr zu sprechen. Natürlich wurde das Gespräch rasch vom Aufseher mit dem Satz unterbrochen: ›Es ist Besuchern nicht erlaubt, mit Gefangenen zu sprechen.‹« *George M. Smith: »In the Early Forties«.*

Charlotte Brontë. Porträt von George Richmond, 1850. George M. Smith gab das Porträt Charlotte nach ihrem Besuch in London als Geschenk für ihren Vater mit.

»Manchmal bedauerte ich, nicht hübscher zu sein; ich hätte gerne rosige Wangen, eine gerade Nase und einen kleinen Kirschenmund mein eigen genannt, ich wäre gern größer und stattlicher gewesen; ich empfand es als Mißgeschick, daß ich so blaß und klein war und unregelmäßige, ausgeprägte Züge hatte.« *»Jane Eyre«, 11. Kapitel.*

W. M. Thackeray, 1863.

»Thackeray . . . ging von meinem Haus in den Garrick Club und sagte: »Jungs, ich habe gerade mit ›Jane Eyre‹ diniert. Daß ihre Identität im Rauchzimmer des Garrick Clubs offengelegt würde, war gewiß die letzte Erfahrung, die diese fast krankhaft schüchterne und empfindliche kleine Dame sich ausgesucht haben würde.« *George M. Smith: »Reminiscences«, 1923.*

Arthur Wellesley, Herzog von Wellington (1769-1853), Charlottes Held ihrer Jugend und ihrer frühen Schriften.

»Natürlich kann ich Dir in einem Brief nicht in jedem Detail schildern, wie ich meine Zeit verbracht habe. Ich kann nur umreißen, was ich für die drei wichtigsten Ereignisse halte: – den Anblick des leibhaftigen Herzogs von Wellington in der Chapel Royal (er ist ein wahrhaft großer alter Mann), ein Besuch im Unterhaus [...] und nicht zuletzt ein Gespräch mit Mr. Thackeray. Er machte einen morgendlichen Besuch und blieb über zwei Stunden. Während der ganzen Zeit war nur Mr. Smith im Zimmer. [...] Der Gigant saß vor mir; ich ließ mich hinreißen, über einige seiner Mängel (literarische, natürlich) zu sprechen; einer nach dem anderen kamen mir seine Fehler in den Sinn, und ebenso brachte ich sie vor und erhoffte Erklärungen oder Widerrede. Er verteidigte sich wie ein großer Türke und Heide, mit anderen Worten: die Entschuldigungen waren oft schlimmer als die Vergehen selbst. Die Sache endete im besten Einvernehmen; wenn alles gut geht, soll ich heute bei ihm zu Abend essen.« *Charlotte an Ellen Nussey, 12. Juni 1850.*

Harriet Martineau (1802-1876). Schriftstellerin, die für soziale und politische Reformen eintrat. Sie hatte hinter ›Currer Bell‹ sofort eine Frau vermutet. Schon bei ihrem ersten Treffen befreundeten sich diese beiden gegensätzlichen Charaktere. Porträt von R. Evans.

»Ich bin für eine Woche bei Miss Martineau. [. . .] Ihre Besucher genießen die vollkommenste Freiheit; was sie für sich selbst in Anspruch nimmt, gesteht sie auch ihnen zu. Ich stehe auf, wann ich will, und frühstücke allein (sie ist um fünf Uhr früh auf den Beinen, nimmt ein kaltes Bad, macht einen Spaziergang in der Morgendämmerung, hat gegen sechs Uhr ihr Frühstück beendet und ist an ihre Arbeit gegangen. [. . .] Sie ist eine große und gutherzige Frau; natürlich hat sie ihre Eigenheiten, doch bis jetzt habe ich noch keine gefunden, die mich gestört hätte. [. . .] Ich glaube, sie ist sich ihrer Selbstherrlichkeit überhaupt nicht bewußt. Wenn ich zu ihr davon spreche, weist sie diese Unterstellung lebhaft zurück, und dann muß ich über sie lachen.« *Charlotte an Ellen Nussey, 18. Dezember 1850.*

Im September 1853 besuchte die Schriftstellerin und spätere Biographin Charlottes, Elizabeth Gaskell, das Pfarrhaus in Haworth. Porträt von Richmond.

»Ich glaube nicht, daß ich jemals ein so ausgezeichnet sauberes Plätzchen sah. [. . .] Niemand kommt vorbei, nichts unterbricht die Stille, kaum eine Stimme ist zu hören. Das Ticken der Uhr in der Küche, das Summen einer Fliege im Wohnzimmer ist im ganzen Haus zu hören. [. . .] Das Wohnzimmer ist offenbar im Laufe der letzten Jahre neu möbliert worden, seit Miss Brontës Erfolg sie in den Stand gesetzt hat, ein wenig mehr Geld auszugeben. [. . .] Die vorherrschende Farbe ist karmesinrot als warmer Kontrast zu der kalten grauen Landschaft draußen. Hier hängt ihr Porträt von Richmond und ein Stich nach Lawrences Bild von Thackeray. Zwei Nischen neben dem hohen, schmalen, altmodischen Kaminsims sind mit Büchern gefüllt. [. . .] Gegen neun Uhr geht der ganze Haushalt schlafen, bis auf uns beide. Wir sitzen zusammen auf bis zehn oder später, und wenn ich gegangen bin, höre ich Miss Brontë herunterkommen und eine Stunde oder länger im Zimmer auf und ab gehen.« *Elizabeth Gaskell: »The Life of Charlotte Brontë«.*

»Villette« – »The Professor«

Im Januar 1853 erschien »Villette«, die Geschichte der Lehrerin Lucy Snowe (in der ersten Manuskriptfassung ›Lucy Frost‹), die von England nach Villette auf den Kontinent reist, um dort ihr Leben neu zu ordnen. Villette ist Brüssel, und der reizbare Professor Paul Emanuel ist Monsieur Heger, der geliebte Lehrer. Lucy nimmt seine Herausforderung an – und emanzipiert sich von ihm, nachdem sie erhalten hat, was sie sich wünschte: Wissen und Liebe. In Lucys Person beschreibt Charlotte ihre Einsamkeit, Abhängigkeit, Demütigung und ganz zum Ende ihren Triumph (den die wahre Charlotte nicht feiern konnte).

Kate Millett schreibt über »Villette«: »In einer Zeit, die sich auf Sentimentalität spezialisiert hatte, war es eines der wenigen amüsanten Bücher [. . .] obwohl es gelegentlich auch von rührseligem Unsinn trieft, ist es doch eines der interessantesten Bücher aus dieser Zeit und als Ausdruck einer revolutionären Sensitivität ein Werk von Bedeutung.«

Daß Charlotte in der Figur des Dr. Bretton einen Mann beschrieb, den Lucy mit liebevollen, aber auch sinnlich abschätzenden Augen betrachtet, erschien vielen ihrer Zeitgenossen unschicklich. Dies war ein neuer, kühner, äußerst unbehaglicher Blick.

Im »Professor«, ihrem um Nüchternheit bemühten, farblosen Erstling, hatte Charlotte das Thema schon einmal unter einem anderen Blickwinkel behandelt. Darin verliebt sich der englische Lehrer William Crimsworth trotz aller Ränke der koketten Pensionatsleiterin Mademoiselle Reuter in seine schüchterne Schülerin Frances. Neben diesen realen Bezugspunkten webt auch Angria im »Professor« noch mit; im Thema der feindlichen Brüder, das Charlotte in den Jugendschriften immer wieder variiert hat.

Charlotte stieß mit ihrem Wunsch, den »Professor« möglicherweise in überarbeiteter Form doch noch zu veröffentlichen, bei ihren Verlegern wiederholt auf Ablehnung. Das Buch erschien erst 1857, zwei Jahre nach ihrem Tod.

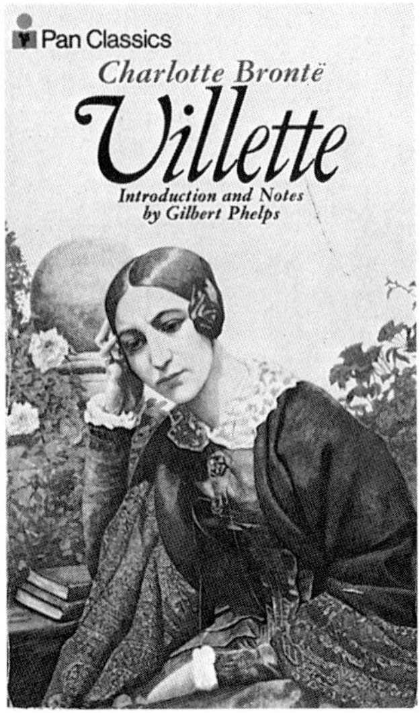

Taschenbuchausgabe von »Villette«, Pan Books, London 1953.

»Und nun zu Ihnen, Sie arme Seele! Ich nehme an, Ihr Vater war ein Niemand, da Sie die kleinen Kinder versorgt haben, als Sie nach Villette kamen. Sie haben keine Verwandten; mit Ihren dreiundzwanzig Jahren können Sie sich nicht mehr jung nennen; attraktive Talente haben Sie nicht, schön sind Sie nicht. Was Verehrer betrifft – was das ist, wissen Sie kaum. Sie können über das Thema nicht einmal reden. Wenn die andern Lehrerinnen ihre Eroberungen aufzählen, dann sitzen Sie stumm. Ich glaube, Sie sind niemals verliebt gewesen und werden es nie sein. Sie wissen gar nicht, was das für ein Gefühl ist – und das ist gut so: Sonst könnte es geschehen, daß Ihnen das Herz bricht, während Sie keinem Lebewesen je das Herz brechen werden. Stimmt's oder stimmt's nicht?« *»Villette«, 14. Kapitel.*

Paul Emanuel hat Lucy in der Bodenkammer eingeschlossen, damit sie ihren Text lernt. Illustration von Edmund Dulac.

»›Entkommen‹ ist über das ganze Buch geschrieben. Villette liest sich wie eine lange Meditation über den Ausbruch aus einem Gefängnis. [. . .]

Lucy spielt zahm, lernt alles, was er sie über die Geheimnisse der Sozialstruktur lehren kann, lernt Mathematik und Latein und Selbstvertrauen. Sie spielt die Schülerin einem Mann gegenüber, der intelligente Frauen haßt und fürchtet und sich dessen rühmt, daß die einzige Lehrerin, deren Wissen je das seine herausforderte, durch ihn ihre Anstellung verloren hat . . . Er läßt sich dazu verleiten, ihr die Schlüssel zu geben. In dem Augenblick, in dem sie in ihrer Hand sind und sie ihn dazu gebracht hat, ihr Geld zu leihen, ihr eine eigene Schule zu mieten und ihr zu helfen, den Klauen von Madame Beck zu entrinnen, bricht sie aus. Ein Wärter, der freundlich wird, ist ohnehin nicht zu gebrauchen; Paul hat als Liebhaber ausgespielt.« *Kate Millett: »Sexus und Herrschaft«.*

Harriet Martineau als alte Dame.

»Alle weiblichen Charaktere [in ›Villette‹] sind in ihrem ganzen Sinnen und Trachten von einem Gedanken erfüllt oder werden vom Leser unter dem Aspekt dieses einen Gedankens betrachtet – dem Gedanken an Liebe . . . Im wirklichen Leben gibt es für Frauen jeden Alters andere wesentliche und innige Belange, die unter normalen Umständen mit Liebe nichts zu tun haben.« *Harriet Martineau, unsignierte Kritik in den Daily News, 3. Februar 1853.*

»Ich weiß, was Liebe ist, so wie ich sie verstehe, und wenn sich Männer und Frauen schämen sollten, solche Liebe zu empfinden, gibt es nichts Rechtes, Edles, kein Vertrauen, nichts Wahres und Selbstloses auf dieser Erde.« *Charlotte in einem undatierten Brief an Harriet Martineau.*

THE

PROFESSOR:

WITH POEMS.

BY

CHARLOTTE BRONTË.

LONDON:
SMITH, ELDER AND CO., 15 WATERLOO PLACE.
1873.

Umschlag der ersten illustrierten Brontë-Ausgabe, hier »The Professor«.
Smith, Elder and Co. London, 1873.

»›The Professor‹ ist insofern bemerkenswert, als er auf einen starken Charakter und auf seltene Fähigkeiten seitens der Autorin hindeutet; doch als Geschichte ist er nicht interessant. [. . .] Aber, oh! ich wünschte, Mr. Nicholls hätte mehr geändert! [. . .] Denn ich, wenn ich es ändern könnte, würde keine Silbe stehen lassen, die in Verbindung mit ihrem Namen plump genannt werden könnte . . . Ich glaube, Biographen neigen immer dazu, ihrem Gegenstand zu viel Bedeutung beizumessen, doch bei ihr glaube ich, zu Recht; läßt man die Autorin nämlich beiseite, so war ihr Charakter als Frau ungewöhnlich, um nicht zu sagen einzigartig [. . .] und alles, was sie sagte oder schrieb, trug den Stempel dieses bemerkenswerten Charakters.« *Elizabeth Gaskell an George Smith, Oktober 1856.*

Mr. Nicholls

»Ich weiß nicht, was du an ihm findest. Seine Engstirnigkeit berührt mich äußerst unangenehm«, schrieb Charlotte an Ellen. In »Shirley« mokiert sie sich über ihn in Gestalt des Kuraten Macarthey, in dessen »physischer und geistiger Ökonomie« z. B. ein Quäker, der in der Kirche den Hut aufbehielt, »wundersame Verheerungen anrichten« konnte.

Der Hilfspfarrer Arthur Bell Nicholls, der Charlotte nach sieben Jahren in Haworth seine Liebe erklärte, war kein Zamorna, nicht einmal ein Constantin Heger. Charlotte nahm ihn trotzdem, nach langem Zögern. Zu niederdrückend war offenbar die Vorstellung, den Rest ihrer Tage mit ihrem Vater allein zu verbringen. Daß sie in ihrer Ehe dann doch Frieden fand, trotz aller pedantischen und eifersüchtigen Einschränkungen durch den »lieben Arthur«, beweisen ihre Briefe – und ihre letzten Worte: »Ich werde doch nicht sterben, oder? Wir waren so glücklich zusammen.«

Der Reverend Arthur Bell Nicholls.

»Wie gewöhnlich saß Mr. Nicholls bis acht oder neun Uhr mit Papa zusammen. Dann hörte ich ihn die Tür vom Salon schließen, als ob er gehen wolle. Ich wartete auf das Zuklappen der Haustür. Er blieb im Flur stehen, er klopfte. Wie ein Blitzstrahl fuhr mir durch den Sinn, was nun kommen würde. Er trat ein, er stand vor mir. Seine Worte wirst Du erraten, sein Auftreten Dir kaum vorstellen können. Ich werde es nie vergessen. Von Kopf bis Fuß zitternd, mit totenblassem Gesicht, seine Rede leise, heftig und doch stockend, ließ er mich zum erstenmal spüren, was es einen Mann kostet, seine Liebe zu gestehen, an deren Erwiderung er zweifeln muß . . .« *Charlotte an Ellen Nussey, 15. Dezember 1852.*

Patrick Brontë, dem die langen Blicke und die Schwermut seines Hilfspfarrers Arthur Bell Nicholls nicht entgangen waren, verfolgte ihn mit sarkastischen Bemerkungen und unverhülltem Hohn. Er fand nicht im mindesten Geschmack daran, seine berühmte Tochter zu verheiraten, schon gar nicht an einen unvermögenden Mann in bescheidener Stellung.

»Als er fort war, ging ich zu Papa hinüber und erzählte ihm, was geschehen war. Daraus ergaben sich Ärger und Aufregung, die in keinem Maße zu dem Vorgefallenen standen. Wenn ich Mr. Nicholls liebte, hätten mich die Namen, mit denen er nun belegt wurde, über alle Grenzen meiner Geduld getrieben. Aber auch so brachte seine Ungerechtigkeit mein Blut zum Sieden. Doch Papa arbeitete sich in einen Zustand hinein, mit dem nicht zu spaßen war. Seine Schläfenadern traten wie Peitschenschnüre hervor und seine Augen waren blutunterlaufen. Ich beeilte mich ihm zu versprechen, daß Mr. Nicholls am nächsten Tag eine eindeutige Absage erhalten werde.« *Charlotte an Ellen Nussey, 15. Dezember 1852.*

Mr. Nicholls, von Charlotte abgewiesen, kündigte seine Stellung und bewarb sich bei einer Missionsgesellschaft für einen Posten in Australien, zog dann aber nur bis Pontefract bei Leeds. Von dort begann er eine Korrespondenz mit Charlotte.

»Tatsächlich, liebe Ellen, bin ich nun verlobt. Ich bin sehr ruhig und erwarte nichts. Was mir an Glück zu schmecken vergönnt sein wird, ist von der nüchternsten Sorte. Ich erwarte zuversichtlich, meinen Mann lieben zu können, und bin dankbar für seine zärtliche Zuneigung. Ich schätze ihn als einen gütigen, gewissenhaften Mann mit festen Grundsätzen. Und wenn ich darüber hinaus einem Bedauern nachgeben wollte, daß ihm höhere Talente fehlen, sowie Gedanken und Neigungen, die den meinen gleichen, so wäre ich höchst anmaßend und undankbar.«

Charlotte an Ellen Nussey, 11. April 1854.

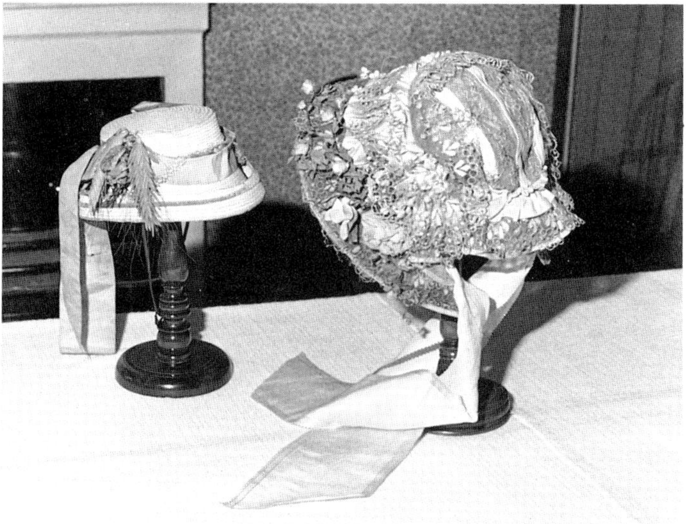

Die Haube, die Charlotte an ihrem Hochzeitstag am 29. Juni 1854 trug.

»Die Nachricht von der Hochzeit war nach außen gedrungen, noch ehe die kleine Gesellschaft wieder aus der Kirche kam. Viele alte, bescheidene Freunde standen nun dort, um einen Blick auf sie zu werfen, die, nach ihren Worten, ›wie ein Schneeglöckchen‹ aussah. Ihr Kleid war aus weiß besticktem Musselin mit einem Spitzenumhang und ihre weiße Haube war mit grünen Blättern besetzt, was die Ähnlichkeit mit der kleinen Winterblume nahelegte.« *Elizabeth Gaskell: »The Life of Charlotte Brontë«.*

Die Schlucht von Dunloe bei Killarney, wo Charlotte auf ihrer Hochzeitsreise vom Pferd fiel.

»Sie reisten weiter nach Killarney und zur Südwestküste von Irland, und auf der ganzen Fahrt zog Charlotte eine köstliche und ganz weibliche Freude aus ›der freundlichen und unermüdlichen Sorge, die mich nun umgibt, und die das Reisen so ganz anders macht, als ich es bisher kannte‹. Als sie den großartigen, wilden Atlantik erreichten, stellte sie zu ihrem Entzücken fest, daß Mr. Nicholls durchaus kein unsensibler Gefährte war. ›Mein Mann ist kein Dichter und kein poetischer Mensch‹, schrieb sie, ›und eine meiner großen Bedenken vor der Hochzeit war sein dem meinen nicht ebenbürtiger Geschmack und so weiter ... bisher ist er stets gut in seiner Art, und sein freundlicher Schutz, der in keiner Weise aufdringlich oder heuchlerisch ist, ist mir tausendmal lieber als eine halbherzige, unechte Zuneigung‹.« *Margaret Lane: »The Brontë Story«.*

Abzug von einem Glasnegativ aus dem Nachlaß des Fotografen Sir Emery Walker in der National Portrait Gallery in London, das unter mehreren tausend Negativen erst 1985 gefunden wurde. Walkers Studio, in dem das Bild nicht aufgenommen, sondern nur reproduziert worden war, führte es in der Kartei unter dem Eintrag »Nach einer kleinen Fotografie von Charlotte Brontë, aufgenommen im Jahr vor ihrem Tod«.

»Während der letzten sechs Wochen hat sich die Farbe meiner Gedanken doch sehr verändert. Ich weiß nun mehr über die Dinge des Lebens als zuvor. Ich glaube, es werden vielleicht unbeabsichtigt viele verkehrte Ansichten darüber verbreitet. Ich glaube, daß verheiratete Frauen, die ihre Freundinnen zur Ehe drängen, schwer zu tadeln sind. Ich für meinen Teil kann nur mit größerem Ernst und tieferer Bedeutung wiederholen, was ich in der Theorie schon früher immer sagte: Gottes Wille geschehe. Ach, Nell, es ist eine ernste und seltsame und gefährliche Sache für ein weibliches Wesen, Ehefrau zu werden. Deine sehr ergebene C. B. Nicholls.« *Charlotte an Ellen Nussey, 9. August 1854.*

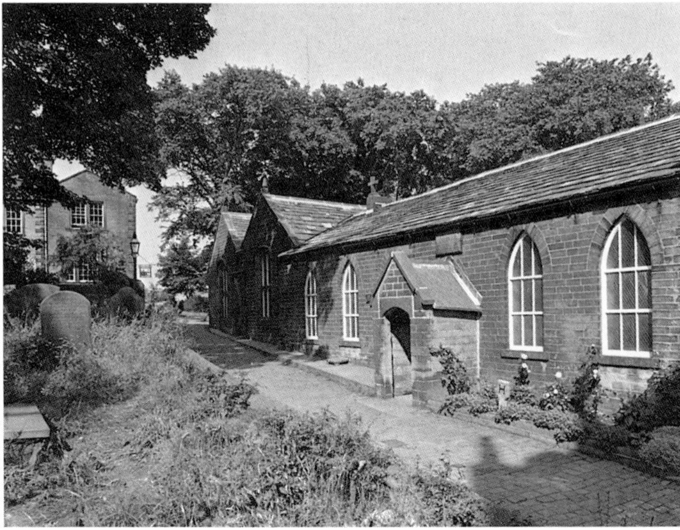

Pfarrhaus und Sonntagsschule. An der Seite des pünktlichen und gründlichen Mr. Nicholls, der ihre Zeit eifersüchtig in Anspruch nahm und ihre Briefe an die Freundin zensierte, nahm Charlotte willig die Pflichten einer Pfarrersfrau auf sich.

»Ich schreibe in großer Eile. Es ist mir fast unerklärlich, daß meine Zeit oft so knapp scheint. Aber wenn Arthur zu Hause ist, muß ich mich mit Dingen beschäftigen, an denen er teilhaben kann, oder die zumindest nicht meine Aufmerksamkeit von ihm abziehen.« *Charlotte an Ellen Nussey, 7. Dezember 1854.*

Sladen Valley Wasserfall. Bei einem Spaziergang zog Charlotte sich eine Erkältung zu, die bald chronisch wurde und der sie und ihr ungeborenes Kind nach Monaten des Siechtums erlagen.

»Ich wollte Dir schon gestern ein paar Zeilen schreiben, aber gerade als ich mich hinsetzte, rief Arthur mich zu einem Spaziergang. Wir gingen los und wollten gar nicht weit. Trotz des stürmischen und wolkigen Wetters war der Morgen schön, und als wir ungefähr eine halbe Meile weit übers Moor gelaufen waren, schlug Arthur vor, den Wasserfall zu sehen. Nach der Schneeschmelze biete er gewiß einen herrlichen Anblick. Ich wollte ihn schon oft einmal in seiner winterlichen Pracht sehen, und so gingen wir weiter. Er sah tatsächlich herrlich aus, ein gewaltiger Sturzbach, der über die Steine sprang, weiß und wunderschön. Während wir noch dort standen, begann es zu regnen, und unter einem strömenden Himmel kehrten wir heim. Ich habe den Spaziergang dennoch unbeschreiblich genossen.« *Charlotte an Ellen Nussey, 29. November 1854.*

Gedenkstein der Familie in der Kirche von Haworth. Patrick Brontë überlebte seine Frau, seine Schwägerin und seine sechs Kinder. An den ungeliebten Schwiegersohn fiel nach Charlottes Tod die Pflicht, ihn bis zu seinem Tod im 84. Lebensjahr zu versorgen. Das waren noch sechs Jahre.

Nachwirkungen

Zu Lebzeiten der Schwestern Brontë drang nur wenig über ihr Schicksal in die Außenwelt. Nach Emilys Tod gab Charlotte 1850 selbst die ersten Hinweise in einem Vorwort zur Neuausgabe von »Wuthering Heights« und »Agnes Grey«. Aber erst Elizabeth Gaskells in einigen Punkten nicht ganz akkurate, aber bis heute unübertroffene Biographie »The Life of Charlotte Brontë«, die zwei Jahre nach Charlottes Tod erschien, setzte sowohl eine sentimentale als auch eine seriöse Brontë-Forschung in Gang. Dennoch dauerte es lange, bis ihre Bedeutung für die moderne Literatur erkannt wurde. Klaus Mann schrieb noch 1934 von oben herab: »Jane Eyre scheint mir interessant . . . als ein charakteristisches Zeugnis für ein sehr weibliches Talent: das zu unterhalten.« Arno Schmidt wußte mehr. Ohne sein Nachtprogramm über die »taubengrauen Schwestern« hätte man in Deutschland nichts über Angria und Gondal erfahren.

Die Brontës haben immer wieder kongeniale Geister inspiriert, wie Jean Rhyss zu ihrem Roman »Sargassomeer«, der das Schicksal von Berta, Rochesters Frau von den Westindischen Inseln, beschreibt, oder Sylvia Plath zu ihrem Gedicht »Wuthering Heights« bei einem Besuch in Yorkshire. May Sinclair schrieb, durch ihr Schicksal bewegt, »The three sisters«, Daphne du Maurier einen Lebensroman Branwells, Roland Petit choreographierte ein Ballett mit dem Titel »Les Hauts de Hurlement«, Joan Aiken läßt ihren Roman »Das Mädchen aus Paris« im Pensionat von Madame Beck in Brüssel beginnen, und die Popsängerin Kate Bush singt mit grillenfeinem Sopran »Heathcliff, it's me, Cathy . . .«

»Jane Eyre« wurde bisher achtmal verfilmt, »Wuthering Heights« dreimal; in den unteren Etagen der englischen Trivialliteratur schrieb »another lady« Charlottes Romanfragment »Emma« zu einem glücklichen Ende fort, und eine Anna L'Estrange dichtete ein »Return to Wuthering Heights«. Haworth selbst ist voller touristischer Kuriositäten, vom Pub »Wuthering Heights« bis zum »Bed and Breakfast« im »Heathcliffe [!] Cottage«.

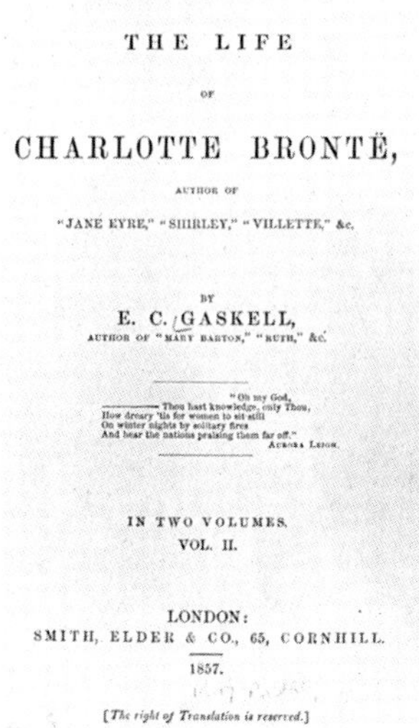

THE LIFE

OF

CHARLOTTE BRONTË,

AUTHOR OF

"JANE EYRE," "SHIRLEY," "VILLETTE," &c.

BY

E. C. GASKELL,

AUTHOR OF "MARY BARTON," "RUTH," &c.

"Oh my God,
——— Thou hast knowledge, only Thou,
How dreary 'tis for women to sit still
On winter nights by solitary fires
And hear the nations praising them far off."
AURORA LEIGH.

IN TWO VOLUMES.
VOL. II.

LONDON:
SMITH, ELDER & CO., 65, CORNHILL.
1857.

[*The right of Translation is reserved.*]

Elizabeth Gaskell: »The Life of Charlotte Brontë«, Umschlag der Erstausgabe, erschienen 1857 bei Smith & Elder. Ungezählte Biographien über die Familie Brontë sind in England in ihrem Gefolge veröffentlicht worden; alle stützen sich auf Gaskells Werk.

Andrang zur Eröffnung des Museums im Pfarrhaus, 1928. Schon zu Lebzeiten Charlottes kamen die ersten Brontë-Touristen nach Haworth. Aber erst Elizabeth Gaskells Biographie setzte die Brontë-Legende in Gang, die unvermindert Tausende nach Haworth zieht. Zu den frühen Besuchern zählte Virginia Woolf, die sich an anderer Stelle über einen Herrn mokiert hatte, der »Charlotte Brontës Socken in einem Glaskasten im Salon aufbewahrte«.

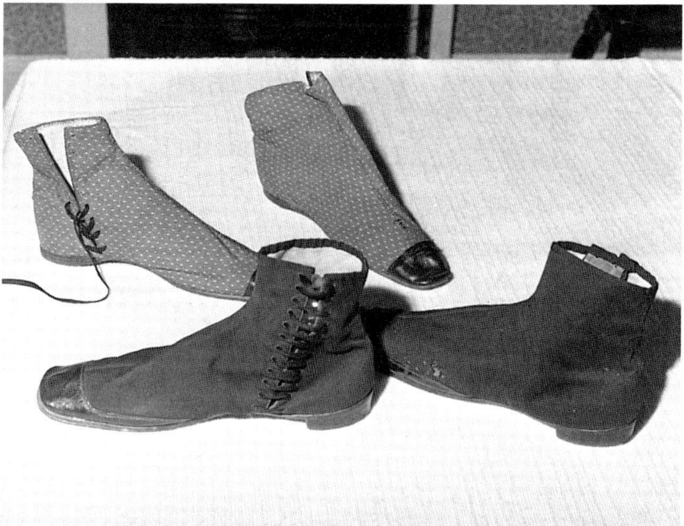

Seite 214 oben: Emilys Pult. Seite 214 unten: Charlottes Spitzenkragen und Schleier, die sie bei ihrer Hochzeit trug. Oben: Schuhe der Schwestern

»Es gibt hier viele Handschriften, Federzeichnungen und andere Dokumente. Aber der anrührendste Schaukasten – so anrührend, daß man bei seinem Anblick kaum Ehrfurcht empfindet – ist jener, der die kleinen persönlichen Dinge, die Kleider und Schuhe der toten Frau enthält. Das natürliche Schicksal dieser Dinge ist, vor dem Körper, der sie trug, zu sterben. Und weil diese, so unbedeutend und vergänglich sie sind, überlebt haben, wird die Frau Charlotte Brontë lebendig, und man vergißt die erinnerungswertere Tatsache, daß sie eine große Schriftstellerin war. Ihre Schuhe und ihre dünnen Musselin-Kleider haben sie überlebt.«
Virginia Woolf: »Haworth, November 1904«.

Jane Bronte.
HAOBP H6

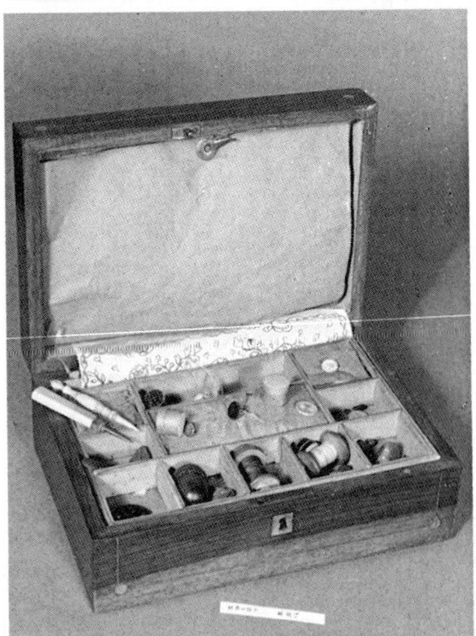

Seite 216 oben: Emilys Tasse. Seite 216 unten: Charlottes Handarbeitskasten. Oben: Dose, die Charlotte für Ellen mit bunten Papierröllchen schmückte.

Sylvia Plath schrieb an ihre Mutter nach einer Wanderung über die Moore in Yorkshire: »Stell Dir vor, Du stehst auf dem Gipfel der Welt, purpurrote Hügel dehnen sich bis zum Horizont, und auf ihnen weiden graue Schafe mit gewundenen Hörnern, schwarzen dämonischen Gesichtern und gelben Augen.« Ihr Gedicht »Wuthering Heights« entstand im September 1961.

Sylvia Plath
Wuthering Heights

Die Horizonte umringen mich wie Reisig den Scheiterhaufen,
Schief und ganz verschieden, und immer schwankend.
Angezündet könnte es mich aufwärmen,
Und sein zartes Geästel versengt
Die Luft rötlichgelb
Bevor die aufgespießte Ferne verglimmt
Und den blassen Himmel mit einer derben Farbe bedrückt.
Aber es zerfällt nur zerfällt
Wie eine Kette von Versprechen, wenn ich einen Schritt mache.

Kein Leben ist höher als die Grasspitzen
Oder die Herzen von Schafen, und der Wind
fließt vorbei wie das Schicksal, und beugt
Alles in eine Richtung.
Ich fühle wie er versucht
Meine Leidenschaft abzusaugen.
Wenn ich die Heidewurzeln zu stark
Beachte, laden sie mich ein,
Meine Knochen zwischen ihnen zu bleichen.

Die Schafe wissen, wo sie sind,
Weiden in ihren schmutzigen Woll-Wolken,
Grau wie das Wetter.
Die schwarzen Schlitze ihrer Pupillen erkennen mich.
Es ist wie ein Brief ins Weltall geschickt,
Eine dürftige, dümmliche Botschaft.
Großmütterlich verkleidet stehen sie herum,
Nichts als Perückengelock und gelbe Zähne
Und hartes, marmornes Määh.

Ich komm zu Wagenspuren, und Wasser
Glasklar wie das Alleinsein,
Das mir durch die Finger flieht.
Ausgetretene Türschwellen gehn von Grasbüschel zu Grasbüschel;
Türsturz und Schwelle sind aus den Angeln gehoben.

Von Leuten weiß die Luft nur noch
Ein paar einzelne Silben.
Sie probt sie stöhnend:
Schwarzer Stein, schwarzer Stein.

Der Himmel lehnt sich an mich, an mich, die einzig Aufrechte
Unter all diesen Waagerechten.
Die Grasbüschel schütteln zerstreut ihren Kopf.
Sie sind zu empfindlich
Für das Leben in so einer Gesellschaft;
Sie sind entsetzt von der Dunkelheit.
Jetzt, in Tälern so eng
Und schwarz wie Geldtäschchen, leuchten die Lichter
vom Haus wie Wechselgeld.

Zeittafel

1777 (17. März) Patrick Brontë in Drumballyroney, Irland, geboren.

1783 (15. April) Maria Branwell in Penzance, Cornwall, geboren.

1802-06 Patrick auf der Universität in Cambridge, Abschluß als B. A.

1806-09 Patrick als Hilfsgeistlicher der englischen Hochkirche in Essex, Shropshire und Yorkshire.

1811-18 Patrick veröffentlicht vier Bücher mit Gedichten und Erzählungen.

1812 (29. Dezember) Patrick und Maria Branwell heiraten.

1813 Ihre Tochter Maria in Hartshead geboren.

1815 (Februar) Elizabeth in Hartshead geboren.

1816 (21. April) Charlotte in Thornton geboren.

1817 (26. Juni) Patrick Branwell in Thornton geboren.

1818 (30. Juli) Emily Jane in Thornton geboren.

1820 (17. Januar) Anne in Thornton geboren. Die Familie zieht nach Haworth.

1821 (15. September) Die Mutter stirbt. Ihre Schwester, Elisabeth Branwell, übernimmt die Haushaltsführung.

1824 (Juli) Maria und Elizabeth gehen ins Internat nach Cowan Bridge. Charlotte kommt im August, Emily im November nach.

1825 (14. Februar) Patrick holt Maria aus Cowan Bridge ab. Sie stirbt am 6. Mai. Elizabeth verläßt die Schule am 31. Mai, stirbt am 15. Juni. Charlotte und Emily kehren am 1. Juni nach Haworth zurück.

1826 (Juni) Beginn des ersten großen Gedankenspiels mit Branwells Holzsoldaten.

1831 (Januar) Charlotte geht nach Roe Head, der Schule von Miss Wooler, trifft dort Ellen Nussey und Mary Taylor, ihre lebenslangen Freundinnen.

1832 Charlotte verläßt Roe Head. Unterrichtet zu Hause ihre Schwestern. Charlotte und Branwell führen das Gedankenspiel um das Traumreich Angria weiter, Emily und Anne errichten eine eigene Phantasiewelt: Gondal.

1835 (Juli) Charlotte kehrt als Lehrerin nach Roe Head zurück. Emily begleitet sie als Schülerin, wird heimwehkrank und geht im Oktober zurück nach Haworth. Anne nimmt ihre Stelle ein (Januar 1836 bis Dezember 1837). Branwell nimmt Kunstunterricht bei William Robinson, einem Maler aus Leeds.

1835-37 Branwell und Charlotte schicken Proben ihrer Gedichte an ›Blackwood's Magazine‹, Southey und Wordsworth, erhalten jedoch keine oder wenig ermutigende Antworten.

1836 Branwell reist nach London, um sich bei der königlichen Kunstakademie einzuschreiben, kehrt jedoch nach wenigen Tagen ohne Geld und ohne Ergebnis zurück. Eröffnet ein Studio in Bradford.

1837 Emily als Lehrerin in Law Hill bei Halifax, wahrscheinlich für sechs Monate.

1839 Anne Gouvernante bei Mrs. Ingham in Mirfield (April bis Dezember), Charlotte Gouvernante bei Mrs. Sidgwick, Stonegappe Hall bei Skipton (Mai bis Juli). Charlotte erhält zwei Heiratsanträge, die sie ablehnt, von Henry Nussey, dem Bruder ihrer Freundin Ellen (März) und einem ihr flüchtig bekannten Pfarrer (August).

1840 Branwell als Hauslehrer bei Familie Postlethwaites und Angestellter bei der Eisenbahn. Schreibt an Hartley Coleridge und erhält eine Einladung. Charlotte, Emily und Anne zusammen in Haworth.

1841 Anne Gouvernante bei Familie Robinson in Thorp Green bei York (März 1841 bis Juni 1845). Charlotte Gouvernante bei Familie White, Upperwood House, Rawdon (bis Dezember). Die Schwestern planen, eine eigene Schule einzurichten.

1842 Charlotte und Emily gehen nach Brüssel ins Pensionat Heger (Februar), Elizabeth Branwell stirbt (Dezember).

1843 (Januar) Charlotte kehrt allein nach Brüssel zurück, bleibt bis Januar des folgenden Jahres. Branwell als Hauslehrer ebenfalls bei Robinsons in Thorp Green.

1844 Der Plan einer eigenen Schule scheitert. Keine einzige Schülerin kann angeworben werden.

1845 Arthur Bell Nicholls nimmt in Haworth die Stelle des Hilfsgeistlichen an. Anne verläßt Thorp Green im Juni, Branwell wird im Juli entlassen. Charlotte findet Emilys Gedichte und drängt auf eine gemeinsame Veröffentlichung.

1846 Die ›Gedichte‹ von Currer, Ellis und Acton Bell erscheinen bei Aylott & Jones (Mai). Jede der Schwestern schreibt an einem Roman. Emilys ›Wuthering Heights‹ und Annes ›Agnes Grey‹ finden einen Verleger (Newby in London). Charlottes ›Professor‹ wird überall abgelehnt. Im August beginnt sie ›Jane Eyre‹ zu schreiben.

1847 (Oktober) ›Jane Eyre‹ erscheint bei Smith & Elder, ›Wuthering Heights‹ und ›Agnes Grey‹ erscheinen nach langem Hinhalten im Dezember.

1848 ›The Tenant of Wildfell Hall‹ erscheint bei Newby. Im Juli reisen Charlotte und Anne nach London, um Mißverständnisse um die Autoren Bell beim Verlag Smith & Elder auszuräumen. Branwell stirbt (24. September), Emily stirbt (19. Dezember).

1849 Anne stirbt (28. Mai). ›Shirley‹ erscheint bei Smith & Elder im Oktober. Charlotte besucht London, trifft Thackeray.

1850 Erneuter Besuch in London. Mittelpunkt literarischer und gesellschaftlicher Zirkel zu sein, bereitet Charlotte eher Pein als Vergnügen. Sie ediert eine Neuauflage von ›Agnes Grey‹ und ›Wuthering Heights‹ sowie unveröffentlichte Gedichte von Emily und Anne. Trifft in Windermere Elizabeth Gaskell, ihre spätere Biographin.

1851 Charlotte erhält einen Heiratsantrag von James Taylor, Lektor und Verlagsvertreter bei Smith & Elder, den sie ablehnt. In London besucht sie die Weltausstellung und hört Thackerays Vorlesung.

1852 (Dezember) Arthur Bell Nicholls bittet um Charlottes Hand und wird vom Vater abgelehnt.

1853 ›Villette‹ erscheint bei Smith & Elder (Januar). Arthur Bell Nicholls verläßt Haworth (Mai).

1854 (29. Juni) Charlotte und Arthur Bell Nicholls heiraten. Charlotte beginnt einen neuen Roman, ›Emma‹.

1855 (31. März) Charlotte stirbt. Patrick lädt Elizabeth Gaskell im Juli ein, die Biographie seiner Tochter zu schreiben.

1857 Gaskells ›Life of Charlotte Brontë‹ erscheint bei Smith & Elder, ebenso Charlottes erster Roman ›The Professor‹.

1860 ›Emma‹ erscheint im Cornhill Magazine mit einem Vorwort Thackerays.

1861 (7. Juni) Patrick stirbt.

1893 Gründung der Brontë Society.

1906 Arthur Bell Nicholls stirbt.

Benutzte Literatur

Alexander, Christine: The early Writings of Charlotte Brontë, Basil Blackwell, Oxford 1983.

Allott, Miriam (Hrsg.): The Brontës, The critical Heritage, Routledge and Kegan Paul, London and Boston o. J.

Aspin, Chris: The Woollen Industry, Shire Publications, Aylesbury 1982.

Bentley, Phyllis: The Brontës and their World, Thames and Hudson, London 1969.

Birrell, Augustine: Life of Charlotte Brontë, Walter Scott Ltd., London o. J.

Brontë, Anne: Agnes Grey, Oxford University Press, London 1974.

Brontë, Anne: Agnes Grey, Deutsch von Elisabeth von Arx, Walter Verlag, Olten und Freiburg o. J.

Brontë, Anne: The Tenant of Wildfell Hall, Panther Books 1977.

Brontë, Charlotte: Legends of Angria, compiled from the early Writings by Fannie E. Ratchford, Kennikat Press, Port Washington, New York, London 1973.

Brontë, Charlotte: Jane Eyre, Penguin Books, London 1966.

Brontë, Charlotte: Jane Eyre, Deutsch von Elisabeth von Arx, Ullstein Verlag, Berlin – Frankfurt 1981.

Brontë, Charlotte: Shirley, Collins, London and Glasgow 1953.

Brontë, Charlotte (Currer Bell): Shirley, Deutsch von Dr. Chr. Fr. Grieb, Verlag der Franck'schen Buchhandlung, Stuttgart 1851.

Brontë, Charlotte: Shirley, Deutsch von Johannes Reiher und Horst Wolf, Gustav Kiepenheuer Verlag, Weimar 1967.

Brontë, Charlotte: The Professor – Tales from Angria – Emma: a fragment, edited by Phyllis Bentley, Collins, London and Glasgow 1954.

Brontë, Charlotte: Two Tales, The Secret, Lily Hart, edited by

William Holtz, University of Missouri Press, Columbia and London 1978.
Brontë, Charlotte: Villette, Pan Classics, London 1953.
Brontë, Charlotte: Villette, Deutsch von Chr. Agricola, Paul List Verlag, Leipzig 1968.
Brontë, Charlotte and Patrick Branwell: The Miscellaneous and Unpublished Writings, Basil Blackwell, Oxford 1936.
Brontë, Emily: Wuthering Heights, The new American Library, New York 1959.
Brontë, Emily: Die Sturmhöhe, Deutsch von Grete Rambach, Insel Verlag, Frankfurt 1975.
Brontë, Emily: The complete Poems, edited by C. W. Hatfield, Columbia University Press, New York 1941.
Brontë Sisters: Poems, EP Publishing, Rowman and Littlefield 1978.
Brontë Society: Transactions 1950-1985.
Delafield, E. M.: The Brontës, their Lives recorded by their Contemporaries, Ian Hodgins 1979.
du Maurier, Daphne: Doch mich verschlang das wild're Meer. Der Lebensroman des dämonischen Branwell Brontë, Deutsch von N. O. Scarpi, SV International, Schweizer Verlagshaus AG, Zürich 1982.
Gaskell, Elizabeth: The Life of Charlotte Brontë, Penguin Books, London 1975.
Gérin, Winifred: Anne Brontë, Allen Lane,London 1976.
Gérin, Winifred: Emily Brontë, Oxford University Press, Oxford and London 1979.
Gregor, Ian (Hrsg.): The Brontës, a Collection of critical Essays, Englewood Cliffs, N. J. Prentice Hall 1970.
Harrison, G. Elsie: The Clue to the Brontës, Methuen, London 1948.
Lane, Maggie: The Brontë Sisters Quiz & Puzzle Book, Abson Books, Bristol 1983.
Lane, Margaret: The Brontë Story, Fontana/Collins, Glasgow 1979.
Lloyd Evans, Barbara and Gareth: Everyman's Companion to

the Brontës, J. M. Dent & Sons Ltd., Melbourne, Toronto 1982.

Longford, Elizabeth: Eminent Victorian Women, Weidenfeld and Nicolson, London 1981.

Mann, Klaus: Die Schwestern Brontë, in: Forum, Jahrgang 3, Heft 8, August 1934.

Maurat, Charlotte: The Brontë's Secret, Constable, London 1969.

Millett, Kate: Sexus und Herrschaft, Deutsch von Ernestine Schlant, Kiepenheuer und Witsch, Köln 1982.

Mitchell, W. R.: Haworth and the Brontës, Dalesman Books, Clapham 1976.

Moore, George: Conversations in Ebury Street, William Heinemann, London 1937.

Nussey, Ellen: Reminiscences of Charlotte Brontë, Scribner's Magazine, Mai 1871.

Plath, Sylvia: Briefe nach Hause, 1950–1963, Carl Hanser Verlag, München, Wien 1979.

Plath, Sylvia: Collected Poems,edited by Ted Hughes, Faber and Faber, London 1981.

Ratchford, Fannie: The Brontë's Web of Childhood, Columbia University Press, New York 1941.

Rhyss, Jean: Sargassomeer, Deutsch von Anne Leube, Rogner und Bernhard GmbH & Co Verlags KG, München 1980.

Schmidt, Arno: Angria & Gondal, der Traum der taubengrauen Schwestern, in: Nachrichten aus dem Leben eines Lords, Fischer Taschenbuch Verlag, Frankfurt 1975.

Smith, Anne: The Art of Emily Brontë, Vision Press, London 1976.

Spark, Muriel (Hrsg.): The Brontë Letters, Macmillan, London 1966.

Wilks, Brian: The Brontës, Hamlyn, London, New York, Sidney, Toronto 1975.

Wise, James and Symington, Thomas: The Brontës, their Lives, Friendships and Correspondence, The Shakespeare Head Brontë, Basil Blackwell, Oxford 1932.

Woolf, Virginia: Haworth, November 1904, in: Books and Portraits, Hogarth Press, London 1977.

Ernsthaften Brontë-Interessenten steht die Bibliothek der Brontë Society im Pfarrhaus offen. Diese literarische und wissenschaftliche Gesellschaft veröffentlicht jedes Jahr neue Erkenntnisse der Forschung (»Transactions«) und erfreut ihre Mitglieder mit Ausflügen zu und Teegesellschaften an bedeutsamen Orten aus Leben und Werk der Brontë-Schwestern.

Bildnachweis

Alexander, Christine: The early Writings of Charlotte Brontë, Basil Blackwell, Oxford 1983. S. 25, 39, 79, 82

Aspin, Chris: The Woollen Industry, Shire Publications, Aylesbury 1982. S. 36, 179

Bell, Currer: Die Waise von Lowood. Illustrationen von H. Tischler, A. Weichert Verlag, Berlin o. J. S. 139

Bentley, Phyllis: The Brontës and their World, Thames and Hudson, London 1969. S. 27, 91, 92, 96, 100, 104, 113, 134, 148, 157, 161, 167, 199, 212

Brontë, Anne: Agnes Grey, Oxford University Press 1974. S. 155

Brontë, Charlotte: Jane Eyre. With Wood Engravings by Fritz Eichenberg, Random House, New York 1943. S. 42, 45, 140, 143

Brontë, Charlotte: Two Tales, The Secret, Lily Hart, edited by William Holtz, University of Missouri Press, Columbia and London 1978. S. 84

Brontë, Emily: Wuthering Heights. Illustrated with Wood Engravings by Fritz Eichenberg, Random House, New York 1943. S. 146, 147, 152

Brontë Parsonage Museum, Haworth. S. 22, 24, 26, 28, 30, 31, 32, 40, 43, 44, 52, 53, 57, 59, 64 unten, 65, 66, 67, 68, 69, 74, 75, 78, 80, 81, 88, 93, 94, 95, 97, 98, 105, 107, 108, 110, 116, 118, 120, 122, 128, 131, 133, 136 und 145 (Zeichnung von Thomas Davidson), 156, 159, 164, 168, 169, 170, 171, 172, 178, 191, 202, 203, 205, 206, 207, 208, 214, 215, 216, 217

Brandt, Paul: Sehen und Erkennen, Alfred Kröner Verlag, Stuttgart 1963. S. 111

The Council of the Brontë Society: The Brontë Parsonage 1962. S. 213

Gérin, Winifred: Anne Brontë, Allen Lane, London 1976. S. 173, 174, 209

Gérin, Winifred: Emily Brontë, Oxford University Press, Oxford and London 1979. S. 64 oben, 98, 103

Kohl, Norbert (Hrsg.): London. Eine europäische Metropole in Texten und Bildern, Insel Verlag, Frankfurt am Main 1979. S. 163, 186, 187, 188

Lane, Maggie: The Brontë Sisters Quiz and Puzzle Book, Abson Books, Bristol 1983. S. 197

Lane, Margaret: The Brontë Story, Fontana/Collins, Glasgow 1979. S. 38, 41, 48, 58, 125

Lloyd Evans, Barbara and Gareth: Everyman's Companion to the Brontës, J. M. Dent & Sons Ltd., Melbourne and Toronto 1982. S. 49, 51, 60, 63, 86, 112, 123, 166

Maurat, Charlotte: The Brontë's Secret, Constable, London 1969. S. 46, 153, 204

National Film Archive, London. S. 137, 138, 149, 151, 160

National Gallery, London. S. 54

National Portrait Gallery, London. S. 34, 61, 62, 70, 72, 89, 132, 141, 183, 184, 190, 192, 198, 207

Panther Books Ltd. 1969, BBC 2, Janet Munro. S. 158

Ratchford, Fanny E.: Legends of Angria, Yale University Press 1933. S. 77, 83

Wilks, Brian: The Brontës, Hamlyn, London, New York, Sidney, Toronto 1975. S. 23, 29, 33, 35, 50, 56, 71, 76, 90, 102, 106, 109, 117, 124, 133, 142, 144, 154, 162, 180, 181, 182, 189, 193

Biographien, Leben und Werk im insel taschenbuch

Lou Andreas-Salomé: Lebensrückblick. Grundriß einiger Lebenserinnerungen. Aus dem Nachlaß herausgegeben von Ernst Pfeiffer. Neu durchgesehene Ausgabe mit einem Nachwort des Herausgebers. it 54

– Rainer Maria Rilke. Mit acht Bildtafeln im Text. Herausgegeben von Ernst Pfeiffer. it 1044

Bettine von Arnim: Aus meinem Leben. Zusammengestellt und kommentiert von Dieter Kühn. it 642

Johann Sebastian Bach. Leben und Werk in Daten und Bildern. Herausgegeben von Klaus-Peter Richter. it 788

Alban Berg. Leben und Werk in Daten und Bildern. Herausgegeben von Erich Alban Berg. it 194

Bertolt Brecht. Leben und Werk im Bild. Mit autobiographischen Texten, einer Zeittafel und einem Essay von Lion Feuchtwanger. it 406

Bertolt Brecht. Sein Leben in Bildern und Texten. Mit einem Vorwort von Max Frisch. Herausgegeben von Werner Hecht. it 1122

Die Schwestern Brontë. Leben und Werk in Texten und Bildern. Herausgegeben von Elsemarie Maletzke und Christel Schütz. it 814

– Hans Carossa. Leben und Werk im Bild. Herausgegeben von Eva Kampmann-Carossa. it 348

Cézanne. Leben und Werk in Texten und Bildern. Von Margret Boehm-Hunold. it 1140

George Clémenceau: Claude Monet. Betrachtungen und Erinnerungen eines Freundes. Mit einem Nachwort von Gottfried Boehm. it 1152

Joseph von Eichendorff. Leben und Werk in Texten und Bildern. Herausgegeben von Wolfgang Frühwald und Franz Heiduk. it 1064

Theodor Fontane: Meine Kinderjahre. Autobiographischer Roman. Mit einem Nachwort von Otto Drude. it 705

Goethe. Sein Leben in Bildern und Texten. Vorwort von Adolf Muschg. Herausgegeben von Christoph Michel. Gestaltet von Willy Fleckhaus. it 1000

Otto Hahn, Leben und Werk in Texten und Bildern. Mit einem Vorwort von Carl Friedrich von Weizsäcker. Herausgegeben von Dietrich Hahn. it 1089

Heinrich Heine. Leben und Werk in Daten und Bildern. Von Joseph A. Kruse. it 615

Volker Michels: Hermann Hesse. Leben und Werk im Bild. Mit dem ›kurzgefaßten Lebenslauf‹ von Hermann Hesse. it 36

Hermann Hesse. Sein Leben in Bildern und Texten. Mit einem Vorwort von Hans Mayer. Herausgegeben von Volker Michels. it 1111

162/1/7.88

Biographien, Leben und Werk im insel taschenbuch

Marie Hesse: Ein Lebensbild in Briefen und Tagebüchern. Mit einem Essay von Siegfried Greiner. Mit frühen Lithographien von Gunter Böhmer. it 261

Julius Eduard Hitzig: E.T.A. Hoffmanns Leben und Nachlaß. Mit Anmerkungen zum Text und einem Nachwort von Wolfgang Held. it 755

Hölderlin. Dokumente seines Lebens. Briefe, Tagebuchblätter. Aufzeichnungen. Herausgegeben von Hermann Hesse und Karl Isenberg. it 221

Hölderlin. Chronik seines Lebens mit ausgewählten Bildnissen. Herausgegeben von Adolf Beck. it 83

Ödön von Horváth. Leben und Werk in Daten und Bildern. Herausgegeben von Traugott Krischke und Hans F. Prokop. it 237

Johann Heinrich Jung-Stilling: Lebensgeschichte. it 709

Erhart Kästner. Leben und Werk in Daten und Bildern. Herausgegeben von Anita Kästner und Reingart Kästner. it 386

Gerhard Kaiser: Gottfried Keller. Das gedichtete Leben. it 1026

Marie Luise Kaschnitz: Die Wahrheit, nicht der Traum. Das Leben des Malers Courbet. it 327

Heinrich von Kleist: Geschichte meiner Seele. Das Lebenszeugnis der Briefe. Herausgegeben von Helmut Sembdner. it 281

Kleist. Leben und Werk im Bild. Herausgegeben von Eberhard Siebert. it 371

Cordula Koepcke: Lou Andreas-Salomé. Leben. Persönlichkeit. Werk. Eine Biographie. it 905

Oskar Kokoschka. Leben und Werk in Daten und Bildern. Herausgegeben von Norbert Werner. it 909

Dieter Kühn: Ich Wolkenstein. Eine Biographie. Neue, erweiterte Ausgabe. it 497

Monique Lange: Edith Piaf. Die Geschichte der Piaf. Ihr Leben in Texten und Bildern. Aus dem Französischen von Hugo Beyer. Mit einer Discographie. it 516

Julius Meier-Graefe: Cézanne. Mit farbigen Abbildungen. it 1139
- Dostojewski. Der Dichter. it 1099
- Hans von Marées. Zwei Bände in Kassette. Mit farbigen Abbildungen. it 1046
- Renoir. Mit farbigen Abbildungen und einem Nachwort von Andreas Beyer. it 856
- Vincent van Gogh. Mit farbigen Abbildungen. it 1015

Malwida von Meysenbug: Memoiren einer Idealistin. Herausgegeben, eingeleitet und kommentiert von Renate Wiggershaus. it 824

162/2/7.88

Biographien, Leben und Werk im insel taschenbuch

Novalis. Dokumente seines Lebens und Sterbens. Herausgegeben von Hermann Hesse und Karl Isenberg. it 178

Jean Orieux: Das Leben des Voltaire. Aus dem Französischen von Julia Kirchner. Mit einer Zeittafel und einem Personenregister. it 874

Ernst Penzoldt. Leben und Werk in Texten und Bildern. Herausgegeben von Ulla Penzoldt. it 547

Rainer Maria Rilke. Leben und Werk im Bild. Von Ingeborg Schnack. Mit einer biographischen Einführung und einer Zeittafel. it 35

George Sand. Leben und Werk in Texten und Bildern. Von Gisela Schlientz. it 565

Schiller. Leben und Werk in Daten und Bildern. Ausgewählt und erläutert von Bernhard Zeller und Walter Scheffler. it 226

Reinhold Schneider. Leben und Werk im Bild. Von Edwin Maria Landau, Maria van Look, Leni Mahnert-Lueg, Bruno Stephan Scherer. In Selbstzeugnissen und Worten der Mitlebenden. it 318

Arthur Schopenhauer. Leben und Werk in Texten und Bildern. Herausgegeben von Angelika Hübscher. it 1059

Reiner Speck: Peter Ludwig. Sammler. it 533

Charles Sanford Terry: Johann Sebastian Bach. Eine Lebensgeschichte. Aus dem Englischen von Alice Klengel. Mit einer Nachbemerkung von Klaus Peter Richter. it 802

Töchter berühmter Männer. Neun biographische Portraits. Herausgegeben von Luise E. Pusch. it 979

Tolstojs letzte Jahre. Achtunddreißig Fotografien. Texte ausgewählt und übersetzt von Gisela Drohla. it 1040

Siegfried Unseld: Hermann Hesse. Werk und Wirkungsgeschichte. Mit zahlreichen Abbildungen. it 1112

Richard Wagner. Leben und Werk in Daten und Bildern. Herausgegeben von Dietrich Mack und Egon Voss. it 334

Robert Walser. Leben und Werk in Daten und Bildern. Mit einem Essay von Peter Hamm. Herausgegeben von Elio Fröhlich und Peter Hamm. it 264

Oscar Wilde. Leben und Werk in Daten und Bildern. Herausgegeben und mit einem Essay von Norbert Kohl. Die Übertragungen der ›Stimmen zum Werk‹ stammen von Norbert Kohl, Wolfgang Pils und Heidi Woltersdorf. it 158

Virginia Woolf. Leben und Werk in Texten und Bildern. Herausgegeben von Renate Wiggershaus. it 932

Stefan Zweig. Leben und Werk im Bild. Herausgegeben von Donald Prater und Volker Michels. it 532

162/3/7.88

Anthologien
im insel taschenbuch

Alt-Prager Geschichten. Gesammelt von Peter Demetz. Mit Illustrationen von Hugo Steiner-Prag. it 613

Alt-Wiener Geschichten. Gesammelt von Joseph Peter Strelka. Mit sechs farbigen Abbildungen. it 784

An den Mond. Ausgewählt von Elisabeth Borchers. it 956

Anthologie der erotischen Literatur aller Zeiten und Völker. 2 Bde. in Kassette. Mit einer Einleitung von Franz Blei. Herausgegeben von Karl Riha. it 1141

Arm und reich. Geschichten und Gedichte. Ausgewählt von Ralf Borchers. it 1031

Bäume. Das Insel-Buch der Bäume. Gedichte und Prosa. Ausgewählt und herausgegeben von Gottfried Honnefelder. Mit sechzehn Farbtafeln. it 1041

Ludwig Bechstein: Hexengeschichten. Mit farbigen Illustrationen von Monika Wurmdobler. it 865

Berlin im Gedicht. Herausgegeben von Barbara und Walter Laufenberg. it 851

Besuch bei Toten. Ein imaginärer Friedhof angelegt von Peter Maigler. it 871

Blätter aus Prevorst. Eine Auswahl von Berichten über Magnetismus, Hellsehen, Geistererscheinungen aus dem Kreise Justinus Kerners. Herausgegeben von Hermann Hesse. it 1019

Briefe an den Vater. Zeugnisse aus drei Jahrhunderten. Ausgewählt von Jens Haustein. it 1045

Das Brunnenbuch. Gedichte und Prosa. Herausgegeben von Hans-Joachim Simm. it 933

Das Buch der Liebe. Gedichte und Lieder ausgewählt von Elisabeth Borchers. it 82

Capri. Ein Lesebuch. Hans Bender und Hans Georg Schwark. it 1077

Deutsche Criminalgeschichten. Von Schiller, Goethe, Kleist, E. T. A. Hoffmann und anderen. Mit einem Nachwort von Volker Ladenthin. it 773

Deutsche Denker über China. Herausgegeben von Adrian Hsia. it 852

Einladung zum Essen. Ein Buch für Gäste. Vorgelegt von Claudia Schmölders. it 1161

Die Eisenbahn. Gedichte. Prosa. Bilder. Herausgegeben von Wolfgang Minaty. it 676

Ermutigungen. Das Insel-Buch der Tröstungen. Gedichte und Prosa. Ausgewählt von Rainer Malkowski. it 1053

Faust-Parodien. Eine Auswahl satirischer Kontrafakturen. Herausgegeben von Karl Riha. it 1147

163/1/7.88

Anthologien
im insel taschenbuch

Feiern und Feste. Ein Lesebuch. Herausgegeben von Hans-Joachim Simm. it 738

Das Ferienbuch. Literarische Souvenirs, aufgelesen von Vera Pagin und Hans-Joachim Simm. it 1082

Flucht und Exil. Geschichten und Berichte aus zwei Jahrhunderten. Herausgegeben von Joseph Peter Strelka. it 1070

Das Fohlen und andere Tiergeschichten. Mit Illustrationen von Josef Hegenbarth. it 993

Frauenbriefe der Romantik. Herausgegeben und mit einem Nachwort von Katja Behrens. Mit zeitgenössischen Porträts. it 545

Das Frühlingsbuch. Gedichte und Prosa. Herausgegeben von Hans Bender und Nikolaus Wolters. it 914

Geschichten vom Buch. Eine Sammlung von Klaus Schöffling. it 722

Der Golem. Geschichten um eine Legende. Herausgegeben von Franz-Heinrich Hackel. it 1036

Griechisches Lesebuch. Herausgegeben von Hellmuth Flashar. it 995

Bret Harte: Goldgräbergeschichten. Aus dem Amerikanischen von Wilhelm Lange. Mit zeitgenössischen Fotografien. it 803

Heidelberg-Lesebuch. Stadt-Bilder von 1800 bis heute. Herausgegeben von Michael Buselmeier. it 913

Das Herbstbuch. Gedichte und Prosa. Herausgegeben von Hans Bender. it 657

Das Hundebuch. Geschichten und Gedichte von Hunden und ihren Herren. Gesammelt von Gottfried Honnefelder. it 785

Jugend. Eine literarische Spurensuche. Herausgegeben von Gottfried Honnefelder. Mit farbigen Abbildungen. it 1129

Gerhard Kaiser: Augenblicke deutscher Lyrik. Von Martin Luther bis Paul Celan. it 978

Das Kalte Herz. Und andere Texte der Romantik. Mit einem Essay von Manfred Frank. it 330

Das Katzenbuch. Von Katzen und ihren Freunden. Geschichten, Gedichte, Bilder. Gesammelt von Hans Bender und Hans Georg Schwark. it 567

Kennst du das Land, wo die Zitronen blühn. Italien im deutschen Gedicht. Herausgegeben von Peter Hamm. it 927

Lesebuch der Jahrhundertwende. Prosa aus den Jahren 1889 bis 1908. Ausgewählt von Klaus Schöffling. it 997

Liebe Mutter. Eine Sammlung von Elisabeth Borchers. it 230

Lieber Vater. Eine Sammlung von Gottfried Honnefelder. it 231

Liebe und Tod in Wien. Geschichten aus einer Stadt. Herausgegeben von Jean Gyory. it 815

163/2/7.88

Anthologien
im insel taschenbuch

Liebesgeschichten. Ausgewählt von Elisabeth Borchers. it 789

Loreley. Gedichte, Prosa, Bilder. Ein Lesebuch von Wolfgang Minaty. Mit zahlreichen Abbildungen. it 1065

Der neue Pitaval. Eine Sammlung der interessantesten Kriminalgeschichten. Herausgegeben von Julius Eduard Hitzig und Wilhelm Häring. it 819

Friedrich Nietzsche: »Wie man wird, was man ist.« Ermutigungen zum kritischen Denken. Herausgegeben von Ursula Michels-Wenz. it 1096

Das Poesiealbum. Verse zum Auf- und Abschreiben. Mit Bildern und Vignetten. Ausgewählt und zusammengestellt von Elisabeth Borchers. it 414

Poetische Grabschriften. Mit zehn Radierungen von Christoph Meckel. Herausgegeben von Wulf Segebrecht. it 951

Der Rhein. Seine poetische Geschichte in Texten und Bildern. Herausgegeben von Helmut J. Schneider. it 624

Römisches Lesebuch. Herausgegeben von Manfred Fuhrmann. it 996

Schwestern berühmter Männer. Zwölf biographische Porträts. Herausgegeben von Luise F. Pusch. Redaktionelle Mitarbeit: Jutta Wasels. it 796

Das Sommerbuch. Gedichte und Prosa. Herausgegeben von Hans Bender. it 847

Spuk- und Hexengeschichten. Aus dem »Rheinischen Antiquarius« herausgegeben von Hermann Hesse. it 908

Über die Liebe. Gedichte und Interpretationen aus der ›Frankfurter Anthologie‹ Herausgegeben von Marcel Reich-Ranicki. it 794

Der versiegelte Engel. Erzählungen zu Ikonen. Mit farbigen Abbildungen. Ausgewählt und mit einem Nachwort versehen von Angela Martini-Wonde. it 1132

Vom Abschied. Eine Gedichtsammlung. Herausgegeben von Margot Litten. Originalausgabe. it 694

Vom Tod. Ein Lesebuch für Jedermann. Herausgegeben von Werner Koch. it 1037

Weihnachten. Erzählungen aus alter und neuer Zeit. Ausgewählt von Gottfried Natalis. it 946

Das Weihnachtsbuch. Mit alten und neuen Geschichten, Gedichten und Liedern. Ausgewählt von Elisabeth Borchers. it 46

Das Weihnachtsbuch der Lieder. Mit alten und neuen Liedern zum Singen und Spielen. Ausgewählt von Gottfried Natalis. Mit einem Nachwort von Ernst Klusen. it 157

163/3/7.88

Anthologien
im insel taschenbuch

Das Winterbuch. Gedichte und Prosa. Herausgegeben von Hans Bender und Hans Georg Schwark. it 728

163/4/7.88